Ça mord à la crèche

Collection « 1001 BB »
dirigée par Patrick Ben Soussan

Des bébés en mouvements, des bébés naissant à la pensée, des bébés bien portés, bien-portants, compétents, des bébés malades, des bébés handicapés, des bébés morts, remplacés, des bébés violentés, agressés, exilés, des bébés observés, des bébés d'ici ou d'ailleurs, carencés ou éveillés culturellement, des bébés placés, abandonnés, adoptés ou avec d'autres bébés, des bébés et leurs parents, les parents de leurs parents, dans tous ces liens transgénérationnels qui se tissent, des bébés et leur fratrie, des bébés imaginaires aux bébés merveilleux…

Voici les mille et un bébés que nous vous invitons à retrouver dans les ouvrages de cette collection, tout entière consacrée au bébé, dans sa famille et ses différents lieux d'accueil et de soins. Une collection ouverte à toutes les disciplines et à tous les courants de pensée, constituée de petits livres – dans leur pagination, leur taille et leur prix – qui ont de grandes ambitions : celle en tout cas de proposer des textes d'auteurs, reconnus ou à découvrir, écrits dans un langage clair et partageable, qui nous diront, à leur façon, singulière, ce monde magique et déroutant de la petite enfance et leur rencontre, unique, avec les tout-petits.

Mille et un bébés pour une collection qui, nous l'espérons, vous donnera envie de penser, de rêver, de chercher, de comprendre, d'aimer.

Le catalogue de la collection comportant un index des auteurs, des titres et des thèmes abordés est disponible gratuitement chez l'éditeur :
Éditions érès, 33 avenue Marcel-Dassault, 31500 Toulouse,
tél. 05 61 75 15 76, fax. 05 61 73 52 89
e.mail : eres@editions-eres.com
www.editions-eres.com

Ça mord à la crèche

Marie Léonard-Mallaval

Préface de Patrick Ben Soussan

1001 BB - Mieux connaître les bébés

érès

Je remercie les personnels des crèches *L'arbre bleu*, *La farandole* et *Les rainettes* et les assistantes maternelles des secteurs 9 et 11 de la *Crèche familiale* de Nice pour leur participation à ce projet.
Merci aussi à mes collègues, Nadia et Pascale, pour leur patience et leur écoute bienveillante.
Je voudrais enfin exprimer ma reconnaissance à Irène Lézine qui m'a formée à l'observation du bébé en crèche, et honorer ici sa mémoire.

Conception de la couverture :
Corinne Dreyfuss
Réalisation :
Anne Hébert
Imprimé en France
par l'imprimerie Grapho 12
12200 Villefranche de Rouergue
N° d'impression : 2011070066-3
ISBN : 978-2-7492-1121-3
ME - 30/2000

33, avenue Marcel-Dassault - 31500 Toulouse
www.editions-eres.com

Préface
Retrouver la pomme, sans la morsure dedans[1]

« De sa dent soudaine et vorace
Comme un chien l'amour m'a mordu[2] »

Aux innocents, les bouches pleines...

Ne pas en faire tout un plat, de la morsure en crèche, qu'elle écrit Marie Léonard-Mallaval dans ce livre... Certes, mais quand même, ça fait un peu vacarme les morsures à la crèche, non? Je la mettrais bien au défi, notre auteure, de ne pas se souvenir, en sa longue pratique des lieux d'accueil – plus de trente ans, ça fait un bail – de tout ce

1. « Un jour, un jour, c'est sûr / Reviendra le jour pur / L'immense jour d'avant le Temps / Alors la femme et l'homme / Retrouveront la pomme / Sans la morsure dedans » Claude Nougaro, *Armé d'amour*, dans l'album *Locomotive d'or*, Universal France, 1999.

2. *Le manoir de Rosemonde*, poème de Robert de Bonnières (1850-1905), mis en musique par Henri Duparc (1848-1933).

grabuge que ça crée, toutes ces dissensions que ça fomente – vous préférez discussions ? –, cette confusion, ces passages à l'acte, ce tohu-bohu qui tout à coup s'empare des uns et des autres, les puéricultrices, les auxiliaires, la directrice, sans oublier les parents, pour qui c'est toujours, immanquablement, un scandale.

Ne pas en faire une mayonnaise et pourtant ça monte toujours aussi fort ces histoires de morsures en institutions de la petite enfance. Et ça retombe rarement ou si momentanément. Ça vous « dynamise » une crèche pour sûr – à la limite, ça la « dynamite » –, conflits, crise institutionnelle, pleurs et toutes ces « douces violences[3] » à la clé.

Que n'a-t-on pas déjà dit, écrit, compris de ces « manières » si mobilisatrices d'affects et de représentations ? Compris ? Mais qu'y aurait-il à comprendre ? Partout on vous expliquera que les morsures n'ont pas toutes la même cause, qu'il peut s'agir d'un simple marquage de territoire ou d'un comportement d'appel face à une situation de détresse personnelle. Plus encore qu'il y aurait des « mordeurs d'amour » et des « mordeurs de combat » pour reprendre cette subtile distinction proposée par Claude Schauder[4].

3. C. Schuhl, *Vivre en crèche. Remédier aux douces violences*, Paris, Chronique sociale, 2003.

4. C. Schauder, « Troubles des conduites, interventions précoces et psychanalyse », *Enfances & Psy*, Toulouse, érès, n° 41 (Regards), 2009, p. 123-131.

Enfin, en ce champ comme en tant d'autres, vous allez en lire et en entendre des thèses et des prescriptions, assénées comme des vérités péremptoires et aussitôt leur contraire affirmé, tout aussi convaincant.

Proposition usuelle numéro une : tout ceci est bien banal. D'aucuns iront même jusqu'à dire instinctif, vous assurant qu'avec le développement de l'enfant et en particulier de son langage, tout sera oublié sous peu. Délicat rappel s'il en est de la néoténie du nourrisson et de l'incomplétude du bébé. Pas fini le rejeton, pas vraiment complet ; il manque quelques mois de gestation hors utérus au petit d'Homme pour s'établir en humanité et la morsure est là pour nous le rappeler : comme un reste d'animalité, ce lien si tendre avec nos cousins les grands singes supérieurs. Cannibale assurément était l'*homo* des origines, d'*erectus* à *sapiens*. Comme l'enfant originel qui « mange sa mère trois fois par jour », écrivait Pagnol, « croquant » le portrait d'un bébé au sein maternel ; comme ce chérubin, « craquant », qu'à travers comptines, contes et jeux de doigts nous autres, parents et professionnels, mangeons tant de fois encore[5]. Comme le dit Noëlle Châtelet : « Aimer l'autre, le désirer, c'est s'en repaître et du

---

5. C. Scoatarin, *C'est pour mieux te manger, mon enfant ! De l'agressivité et des morsures à la crèche et ailleurs.* Paris, Desclée de Brouwer, 2003.

même coup assouvir sa faim[6].» Aimer l'autre mais aussi le connaître, le découvrir. Petit détour artistique. Dans son délicieux essai, *La philosophie de la mâchoire*[7], John C. Welchman évoque les appétits surréalistes de Dali (1904-1989). N'est-ce pas lui qui écrivait: «La mâchoire est notre meilleur instrument de connaissance philosophique.» Dans l'esthétique si particulière de Dali, le regard, la contemplation sont immanquablement supplantés par la consommation orale: «Si nous y pensons bien, nous réalisons soudainement qu'il ne nous suffit plus de dévorer les choses des yeux, et notre désir ardent de nous joindre activement et réellement à leur existence nous incite à vouloir les manger.» Dali suggère en fait une nouvelle définition, radicalement dionysiaque, anthropophage, du beau: «La beauté sera comestible ou ne sera pas.» Et il ajoute combien il est premier de «pouvoir le plus réellement manger l'objet du désir».

En un mot, définitif, le tout-petit pratique l'esthétisme dalinien à la lettre (cf. toutes les élaborations de D.W. Winnicott sur le visage de la mère en tant que premier miroir[8], de J. Lacan sur le stade du

6. N. Chatelet, *Histoires de bouches*, Paris, Gallimard, 1988.
7. J.-C. Welchman, « Dali's edible splits: Faces, tastes, and spaces », dans J. Horwitz, P. Singley, *Delirium in Eating Architecture*, Cambridge (MA), USA, MIT Press, 2003, p. 313-339.
8. D.W. Winnicott, « Le rôle de miroir de la mère et de la famille dans le développement de l'enfant », dans *Jeu et*

miroir[9], mais plus encore mettre en bouche, mettre à la bouche, sucer, mordre, agripper, s'accrocher, se tenir). De la bouche pleine de sein à la bouche pleine de mots, l'*infans* chemine et il faudrait élargir le modèle oral à tous ses éprouvés : l'enfant incorpore le monde et ceux qui l'habitent en le mettant en bouche. Jusque cette nuance d'importance, évoquée par Freud, qui a insisté sur l'aspect cannibalique du stade oral dès 1905[10], et développée plus tard par Karl Abraham[11] qui a distingué les deux phases essentielles du stade oral : le stade oral précoce ou préambivalent qui couvre le premier semestre de vie, phase de succion, encore appelé stade oral de succion, d'abord besoin physiologique et qui devient rapidement une activité autoérotique spécifique, premier mode de satisfaction sexuelle ; puis la phase sadique ou le stade sadique oral ou oral cannibalique, qui coïncide naturellement avec l'apparition des dents, la découverte de la morsure, avec ses classiques angoisses de dévoration, lors du second semestre de vie.

---

réalité, Paris, Gallimard, p. 153-162.

9. J. Lacan, « Le stade du miroir comme formateur de la fonction du Je », dans *Écrits I* (1966), Paris, Le Seuil, coll. « Points Essais », 1970, p. 92-99.

10. S. Freud, *Trois essais sur la théorie de la sexualité* (1905), Paris, Gallimard, coll. « Folio essais », 1985.

11. K. Abraham « Esquisse d'une histoire du développement de la libido fondée sur la psychanalyse des troubles mentaux », dans *Œuvres complètes II* (1924), Paris, Payot, 1966, p. 276.

Passons sur Melanie Klein, qui, radicale, va prolonger cette réflexion en défendant l'existence de pulsions destructrices innées, chez le nouveau-né : « Je considère que l'envie est une manifestation sadique-orale et sadique-anale des pulsions destructrices, qu'elle intervient dès le commencement de la vie et qu'elle a une base constitutionnelle[12]. »

Voilà donc la vérité première toujours convoquée en matière de morsure : elle fait foi du développement de l'enfant « normal » et son projet est bien la connaissance, par incorporation du monde et des autres, du dehors en soi, par ce lieu si singulier qu'est la bouche qui sert, nous rappelle Freud, à manger, parler, embrasser. Tout enfant mute donc de vampire – pour dire ce temps premier qui correspond à la fusion primaire avec sa mère, le monde et tout ce qui l'entoure – à cannibale : en premier, succion, aspiration, pompage, vidage sont ses maîtres-mots, ses maîtres-fantasmes, puis mordre, arracher, déchirer, écorcher deviennent ses points cardinaux.

Du coup, nous ne pouvons faire l'impasse sur cette assurance seconde qui habille la morsure de l'enfant en pulsion, la renvoyant avec fracas dans le monde de l'agressivité. La morsure ne parlerait que le langage de l'agressivité mais une agressivité fondamentalement humaine. Tout cela réduit en

12. M. Klein, *Envie et gratitude* (1957), Paris, Gallimard, coll. « Tel », 1968, p. 11.

une formule choc, cela donnerait : « Être agressif, c'est normal ! » C'est la sève même de la vie, notre carburant, notre énergie intime, profonde, notre élan vital. L'agressivité répond au plus près au cahier des charges de la pulsion, étymologiquement « aller vers » : une poussée, une mise en mouvement, qui incite à aller vers l'autre, l'explorer et le monde qui l'abrite tout autant, apprendre, découvrir, connaître, se connaître et connaître l'autre.

Alors, êtes-vous prêts à entendre et à lire ce qui suit? Osons et que votre sérénité n'en soit pas de trop altérée !

1. Heureusement que la vie des tout-petits est pétrie d'agressivité, c'est son absence qui serait inquiétante. Encore, l'agressivité est une adresse à l'autre, elle ne se décline que dans l'intersubjectivité, elle suppose toujours une sollicitation relationnelle. Plus, les enfants sont des êtres en devenir et grandir est par nature un acte agressif.

2. L'agressivité n'est pas la violence, qui en serait d'une certaine façon son superlatif, son déchaînement – les images du barrage qui cède, du tsunami qui emporte tout sont ici habituellement convoquées. Cette agressivité doit alors mobiliser ces « dispositifs conteneurs » comme les appelle Maurice Berger[13]

13. M. Berger, *Voulons-nous des enfants barbares* ? Paris, Dunod, 2008.

sous peine de voir se manifester toutes ces violences en petite enfance qui alarment tant aujourd'hui[14].

3. Les petits enfants ne sont pas des anges, ces chérubins, incapables de violences et de « méchancetés » que certaines images d'Épinal peignent encore au vert paradis des amours enfantines. « Il n'y a pas d'enfant innocent », affirmait saint Augustin, au ve siècle déjà, dans ses *Confessions*[15] et Freud parlait de l'enfant comme d'un « pervers polymorphe[16] ». Richard Tremblay, psychologue canadien enfonce le clou en assurant que l'agressivité physique d'un homme atteint son plus haut niveau... entre la fin de sa première et de sa deuxième année ![17] Imaginiez-vous cela ? L'être humain connaît l'apogée de son agressivité non pas à 35 ni même à 18 ans, mais bien à... 17 mois ; même les criminels dangereux, les délinquants violents, les tueurs en série les plus recher-

14. M Garrigue-Abgrall, *Violences en petite enfance, pour une prévention opportune*, Toulouse, érès, coll. « 1001 BB », 2007.

15. Saint Augustin « Y a-t-il innocence enfantine ? », dans *Les confessions* (401), Livre I, chap.7, consultable en ligne à l'adresse : http://www.ac-grenoble.fr/PhiloSophie/file/augustin_fraisse.pdf

16. S. Freud, *Trois essais sur la théorie de la sexualité* (1905), Paris, Gallimard, coll. « Idées », 1962, p. 86.

17. R. E. Tremblay, B. Boulerice, M. Junger et R. Arseneault « Does low self-control during childhood explain the association between delinquency and accidents in early accidents ? », *Criminal Behaviour and Mental Health*, 1995, 5, p.439-451.

chés ne sont pas aussi agressifs, toutes proportions gardées, que nos chères têtes blondes ou brunes dans les jardins d'enfants. Alors une petite morsure de-ci, de-là… Compte tenu de l'importance du rôle des dents dans le développement psychoaffectif de l'enfant, d'aucuns ont même évoqué une pulsion odontique s'étayant d'abord sur la fonction de mastication et dont le but est de mordre, dilacérer, déchirer et mâcher. À les suivre, cette pulsion, mise en évidence chez les enfants mordeurs, se manifesterait de plus en plus fréquemment chez les enfants à la crèche et à l'école maternelle[18].

Mords-mi et mords-moi sont sur un bateau…

Ainsi donc l'agressivité vient à bébé en naissant – allez, risquons même avant, dans ce temps de niche utérine, époque préhistorique et espace ténébreux, si propice à soulever les fantasmes les plus thalassiques d'un bébé qui flotte, bienheureux, sur la mer de ses rêves. Que de reconstructions du réel et quelle propension nous habite à chaque fois que nous essayons de penser l'enfant, l'enfance, à embellir, « cristalliser » dirait Stendhal, que de projections, d'illusions !

18. C. Collot, *Approche psychanalytique de l'odontologie. Les dents : mythes et réalités*, (sous la direction du Pr Mareike Wolf) thèse de doctorat en psychologie, Paris, Université de Paris VII, 2005.

Dans son étude sur la violence fondamentale[19], Bergeret rappelle que « la violence est indissociable de la vie » : il y a de la force dans l'appétit de vie et dans la pulsionnalité ; pour *Le Littré*, la violence est cette « qualité de ce qui agit avec force ». Cette violence inhérente à la vie est fortement ancrée dans le corps. N'est-ce pas lui qui pour se développer a besoin de manger, d'incorporer ? Et l'incorporation ne suppose-t-elle pas la destruction de ce que l'on mange pour le transformer en nous-mêmes ? Cette violence fondamentale est décrite par Bergeret comme une violence naturelle, une sorte de nécessité primitive absolue, vitale, dès les premiers moments de l'existence : elle relève plus d'un instinct, l'un des tout premiers instincts de vie et dans un processus de développement normal, elle doit se transformer, grâce à l'amour des parents, en processus créateur, vivant. Bergeret précise que « la violence, c'est avant tout la vie, la vie et la survie de soi-même, et non la blessure voire la mort de l'autre » et il ajoute : « Le rôle de la violence instinctuelle n'est pas d'attaquer l'autre et surtout pas par plaisir. Il s'agit fondamentalement de protéger l'existence et l'intégrité narcissique du sujet. »

Peut-on comprendre les morsures à la crèche et les autres comportements jugés violents du tout-petit à l'empan de cette proposition ? Peut-être faudrait-il

19. J. Bergeret, *La violence fondamentale. L'inépuisable Œdipe* (1993), Paris, Dunod, 2000.

aussi garder en tête cette maxime impérieuse du même Bergeret : « Dans l'imaginaire humain primitif, il n'y a pas de place au soleil pour deux. »

La messe serait dite alors, certifiée par Winnicott qui conclurait : « Un petit enfant vit l'amour et la haine avec autant de violence qu'un adulte. »

La messe, quelle messe ? Le terme est choisi ici pour rappeler combien nous entrons en religion dès qu'il s'agit d'enfant, de nos enfants, de leurs mots – ah ! ces merveilleux mots d'enfants que nous ne cessons en boucle de ressasser ! –, de leurs manières, de leurs regards.

Que de croyances encore tant actives en ce champ de la morsure ! Et comme la violence suscite chez nous tous, parents, professionnels, de si violentes réactions et émotions ! Dès les premiers mois de la vie de l'enfant, il y a quelque chose qui agit avec force et que l'on peut nommer violence, agressivité, toute matière inhérente à la vie même et fortement ancrée dans le corps. Les effets de cette violence peuvent s'observer partout, à l'aube de la vie, et la crèche n'est qu'un des lieux où elle est particulièrement à l'œuvre.

Tout ceci ne nous dit qu'une chose en fait. Qu'il y a du risque à s'approcher de l'autre, à le côtoyer, à le penser, simplement penser qu'il est, qu'il existe, que le monde est fait de Nous et pas exclusivement de Moi. Qu'il y a du risque à se frotter aux autres. Qu'on ne grandit pas sans en payer le prix – quel est le juste prix? Que l'amour des enfants entre eux n'a rien d'angélique, ni même celui que nous leur portons.

Alors cessons, mués nous aussi par quelque pulsion narcissique ou de conservation, de renvoyer sur l'autre, les autres, la responsabilité de cet événement : « un enfant est mordu à la crèche ». Curieuse résonance avec ce mot de Freud « Un enfant est battu[20]. »

Parce que quand même, avec la morsure, c'est la convocation *sine die* de la défectologie, défaut de surveillance, de présence, de regard quoi, défaut de parole tout autant parfois, mais assurément il y a quelque chose qui ne va plus là, qui défaille. Professionnels, parents, enfants, choisissez votre camp mais livrez-nous le coupable. Excluez l'enfant, convoquez les parents, invariablement responsables de sa violence, rappelez les professionnels à leur mission et tant que vous y êtes n'hésitez pas écorner leur narcissisme déjà assurément bien mis à mal.

Et vas-y que j'en profite pour ouvrir la porte à toutes les plus nauséabondes théorisations qui du fin fond de nos inconscients collectifs sont là pour nous rappeler que « l'homme est un loup pour l'homme » (Freud). Choisissez votre camp. Des enfants naturellement bons et une société culturellement mauvaise,

20. S. Freud, « Un enfant est battu », contribution à la connaissance de la genèse des perversions sexuelles, dans *Névrose, psychose et perversion* (1919), Paris, PUF, 1973.

qui s'abreuvent de violences — ah ! ces accusations incantatoires des écrans de nos quotidiens, TV, ordinateur, cinéma, qui sont censés fabriquer des criminels en herbe ! Des enfants naturellement mauvais qu'il faut vite « rechignés » comme on disait au Moyen Âge, redresser, éduquer, détecter leur violence précoce, leurs troubles des conduites, leurs distorsions émotionnelles. Des professionnels piteux qui ne sont plus assez formés, intéressés, motivés, responsables. Des parents qui sont affligeants d'incapacités, à dire, à faire, à penser. Des sociétés libérales, avancées, qui ne pensent qu'à leur avoir, leur confort, se ratatinent sur elles-mêmes, s'isolent, se monoparentalisent, se « résidence alternée », se recomposent.

En bref, tout fout le camp, n'est-ce pas !

Alors commençons par nous garder de tordre le cou aux crèches et autres nounous.

Gare à la croisade des anti-crèches

Ouf ! Jay Belsky est formel : « Ce ne sont pas des enfants qui vont prendre un fusil et faire sauter la cervelle des gens... Je n'ai jamais dit que ces enfants allaient devenir des psychopathes ni que les femmes devaient retourner à la maison. » Il fallait bien être rassurant après l'annonce très médiatisée, le 19 avril 1996, à Minneapolis aux États-Unis, des résultats d'une étude très documentée du National

Institute on Child Health and Human Development sur l'influence du mode de garde sur le comportement des enfants. Après avoir étudié, sur dix ans et dans dix sites différents à travers le pays, l'évolution de 1300 enfants de l'âge préscolaire à leur première année d'école, les chercheurs, sous la direction du psychologue Jay Belsky, ont conclu à un lien direct entre le temps passé par l'enfant hors la présence de ses parents et des traits de caractère tels que l'agressivité, la rébellion et la désobéissance. « Plus ils passent de temps en crèche ou avec des nounous, plus les problèmes de comportement apparaissent », assurait alors J. Belsky. Et ce, quels que soient leur sexe, leur milieu social ou le mode de garde choisi. 65 % des femmes américaines, mères d'enfant de moins de 6 ans, se sont senties désignées, voire attaquées : elles travaillent et doivent dès lors faire garder leurs enfants dont on leur affirme qu'ils ont plus de risque d'être agressifs et désobéissants que les enfants élevés par leur mère au domicile.

Vous imaginez le tollé, l'accueil de cette « mauvaise nouvelle » fort embarrassante et la virulence des réactions suscitées. Avouez que voilà une très peu subtile façon de titiller les mères, côté culpabilité et fibre maternelle. D'autant que cette recherche, au demeurant passionnante malgré d'évidentes réserves quant à certains aspects de sa réalisation, fut aussitôt reprise en chœur par quelques âmes bien intentionnées, versées dans le médiatique, les valeurs familiales et la politique conservatrice. La croisade des anti-crèches pouvait reprendre, le salaire maternel ici se trouvait soudain légitimé et de multiples voix se levaient pour dénoncer le système de l'accueil précoce des enfants.

Les médias français ont donné un large écho à cette étude : en France, sur les 2,2 millions d'enfants de moins de 3 ans, 50 % sont gardés par un des parents, 10 % vont à la crèche et les autres sont confiés à une nounou. Des pédiatres ont envoyé une pétition au ministère de la Santé pour réclamer un allongement du congé de maternité, devant l'augmentation, alarmante selon eux, du nombre d'otites et de bronchiolites à répétition contractées à la crèche. La pédiatre Edwige Antier développe, dans un de ses derniers livres[21], une argumentation proche assurant que la socialisation précoce est un mythe et que la crèche n'est pas une étape obligée avant la maternelle. Ce faux débat a dû assurément faire sourire Sylviane Giampino, psychologue et auteur d'un mémorable *Les mères qui travaillent sont-elles coupables?*[22] Les tout-petits se retrouvent otages d'un débat beaucoup plus complexe qui concerne bien entendu les politiques de la famille,

21. E. Antier, *Éloge des mères. Faire confiance à l'instinct maternel pour favoriser l'épanouissement de nos enfants,* Paris, Robert Laffont, coll. « Réponses », 2003.

22. S. Giampino, *Les mères qui travaillent sont-elles coupables ?* Paris, Albin Michel, 2000.

le droit des femmes et leur place dans la société. Mais aussi ces sempiternelles questions, dans l'ordre du symbolique, des représentations culturelles, voire des fantasmes, qui viennent souvent se poser sur des scènes tierces. À savoir, qu'est-ce qu'une mère? Une «bonne» mère? Une «suffisamment bonne mère»? Et même chose pour le père si vite oublié dans ces questions de prise en charge précoce. Comment la société peut-elle aider les parents à assumer le «coût» psychique de ses mutations?

Petite chronique virtuelle d'une morsure «banale» en crèche

Lisons. Voici un témoignage glané sur cette toile immense qui nous tient et que nous dénonçons tous si vivement, Internet. Un forum comme tant et tant où il est question de parentalité, d'enfant, d'accueil, de tout et de rien. Une mère qui participe au forum évoque son petit garçon qui a été mordu en crèche et sa colère face à cet événement. Voilà une des réponses qu'elle reçoit en direct.

> «Ma gamine a mordu pendant pas mal de temps, fallait pas l'emmerder (faut toujours pas d'ailleurs mais maintenant elle gueule, c'est moins agressif), la moindre contrariété comme un autre gosse qui lui piquait un crayon, et elle sautait dessus pour imprimer sa marque. On m'avait expliqué qu'avant d'avoir acquis un langage suffisamment développé pour pouvoir expliquer assez clairement ce qu'ils ressentent de nombreux

enfants mordent pour se défendre ou se faire respecter, c'est quelque chose d'assez instinctif la morsure. Et j'ai effectivement constaté qu'avec l'apprentissage du langage elle se calmait, mais ce qui a été radical dans son cas c'est d'avoir passé une semaine de vacances avec deux de mes neveux qui au bout de trois jours en ont eu ras le bol et lui ont rendu la monnaie de sa pièce. Bon bien sûr, je te conseille pas de mordre ton fils. C'était juste pour l'anecdote, y'a pas grand-chose à faire tant qu'il n'aura pas un langage assez développé... À part lui dire et lui répéter que ça fait très mal et que ce n'est pas gentil de faire ça, l'obliger à aller s'excuser et le punir cinq minutes... Je comprends que cela puisse te paraître injuste, mais ça n'est que le reflet de la vie en société, bien sûr on pourrait séparer les enfants, techniquement c'est faisable, mais dis-toi bien que même si ton enfant est très doux (je n'en doute pas), un jour il fera du mal à un enfant, un jour il tapera ou aura des mots très blessants, obligatoirement, croiras-tu toujours alors qu'il faut l'exclure? Je ne pense pas que nous pourrons tomber d'accord, ça me paraît difficile, ça revient, dans une moindre mesure, à expliquer aux parents d'un enfant qui a été assassiné que la peine de mort est une aberration. Peine perdue, c'est totalement compréhensible. Je ne crois pas qu'il appartienne aux parents de trouver une solution, eux doivent apprendre à leur enfant à canaliser son agressivité et à s'exprimer autrement, leur pouvoir s'arrête là, et si c'est bien fait ça marche. »

No comment!

Des fois, je me dis que nous faisons un beau métier, les psys : prendre du temps, essayer de comprendre, tourner et détourner les fils serrés et ténus de la vie et de ces anicroches, mettre des mots, redonner du sens. Des fois.

D'autres fois, je me dis que nous sommes les derniers des Mohicans et que vivement la thérapie génique et la Ritaline dans le biberon, ça nous fera des vacances !

Et puis une fois, on tombe sur un livre comme celui que vous allez lire, on tombe sur Marie Léonard-Mallaval. On lit. On a l'impression de tout comprendre tout de suite, que tout est simple, clair, que les choses coulent. On a l'impression d'entendre une voix sage, douce, nous parler d'agressivité, de crèche, de morsure, mais aussi de nous, de la vie. On est bien avec cette voix, on la pressent assurée, instruite, contenante.

On se met à penser à cette autre voix, mythique, celle de Myriam David.

Le 28 décembre 2004, Myriam David, cette grande psychiatre d'enfants, s'éteignait à l'âge de 87 ans. Un nom qui reste souvent inconnu pour le grand public alors que ses observations et recherches sur l'enfant ont profondément modifié notre manière de concevoir l'interaction mère-enfant, le développement affectif de ce dernier ainsi que les soins apportés par certaines institutions comme les pouponnières ou les crèches.

Je n'ai longtemps juré que par *L'enfant de 0 à 2 ans. Vie affective, problèmes familiaux*[23], son livre génial, qui date de 1960 et qui m'est toujours apparu comme la bible ou l'ouvrage de base de tout éducateur mais aussi de tout parent. L'immense succès qu'il a rencontré tient certes à sa valeur médicale et psychologique mais le bon sens de ses conceptions éducatives, comme la clarté, sans simplification abusive, de son langage y sont aussi pour beaucoup. Ainsi l'accès aux découvertes fondamentales de la psychologie et de la psychanalyse nous était offert sans risque de déformation, l'esprit pratique et le ton chaleureux de cette information expliquant l'accueil attentif et reconnaissant dont elle n'a cessé de bénéficier.

Je garde *Ça mord à la crèche* au plus près de lui.

Patrick Ben Soussan

Pédopsychiatre,
chef du Département de psychologie clinique,
Institut Paoli-Calmettes, Centre régional de lutte contre le cancer Provence-Alpes-Côte d'Azur,
Marseille.

23. M. David, *L'enfant de 0 à 2 ans. Vie affective, problèmes familiaux*, Toulouse, Privat, 1960, réédition Dunod, 1990.

Chanson traditionnelle

Le fermier bat sa femme (bis)
Ohé, Ohé Ohé,
Le fermier bat sa femme.

La femme bat son enfant (bis)
Ohé, Ohé Ohé,
La femme bat son enfant.

L'enfant bat son chien (bis)
Ohé, Ohé Ohé,
L'enfant bat son chien.

Le chien bat le chat (bis)
Ohé, Ohé Ohé,
Le chien bat le chat.

Le chat bat la souris (bis)
Ohé, Ohé Ohé,
Le chat bat la souris.

Introduction
Comment comprendre et faire face à l'émergence de l'agressivité ?

« Ne mangez pas l'enfant dont vous aimez la mère »

Victor Hugo, *Bons conseils aux amants*

Ce livre reprend l'essentiel d'une réflexion menée lors d'une formation que j'ai proposée depuis 2006 aux différents professionnels accueillant des enfants de moins de 3 ans en structures collectives (crèches) ou en accueil familial (assistantes maternelles). Psychologue clinicienne, je travaille depuis trente ans dans les lieux d'accueil du jeune enfant et mon investissement dans cette étape fondamentale de la vie humaine n'a jamais faibli. Tout n'est pas rose en petite enfance et j'ai souvent été confrontée à l'agressivité, présente à tous les niveaux, le psychologue lui-même n'étant pas à l'abri.

Il m'a paru fécond de proposer aux professionnels volontaires un lieu et un temps de réflexion collective, à raison de deux heures mensuelles pendant une année scolaire. Chacun a apporté ses questions et fait part de ses expériences et j'ai fourni les apports théoriques dont je disposais. Penser ensemble et sur une durée assez longue a été riche et créatif, et ce livre veut en témoigner. Il souhaite toucher tous ceux qui s'occupent de la petite enfance, ainsi que les parents d'enfants d'âge préscolaire.

L'agressivité est un des problèmes les plus difficiles qui se posent à l'être humain et son émergence dans la petite enfance ne manque pas de nous questionner, tant sur le plan théorique que sur le plan pratique. Le développement du petit humain et son indispensable vie en société ne peuvent éviter l'écueil de l'agressivité et la difficulté de sa gestion. Comment le bébé « sans défense » peut-il se transformer si vite et être parfois perçu comme agressif ou persécuteur? Comment gérer les conflits ou les agressions dans un groupe de très petits enfants (moins de 3 ans)?

Avant d'apporter quelques éléments de réponse, il a été nécessaire de mettre au point certaines définitions, empruntées à différentes disciplines des sciences humaines; bien entendu, la psychologie fournit de bonnes pistes de compréhension, par les abords psychanalytique et systémique. L'interrogation a porté ensuite sur la première année de vie qui peut comporter des difficultés d'accordage, et sur l'expérience du manque que fait le bébé précocement, avant qu'il ne soit confronté à la loi, entre l'accession à la marche et la maîtrise du langage. Puis, parmi les frustrations et les conflits, la focalisation s'est faite sur la morsure, l'émotion qu'elle provoque en nous et les réactions qu'elle génère.

Le débat s'élargit sur l'agressivité de l'adulte, à partir de la distinction entre dressage et éducation, en examinant la maltraitance et les violences éducatives et institutionnelles, et il est indispensable alors de traiter de la violence psychique. Ce qui conduit, naturellement, à poser la question de la prévention de cette violence et à proposer la possibilité, pour la petite enfance, d'une pédagogie du respect que l'on pourrait appeler « bientraitance ».

L'apport des sciences humaines Définitions et problématique

L'agressivité

Le *Vocabulaire de la psychanalyse* définit l'agressivité comme une tendance à des conduites réelles ou fantasmées, ayant pour objectif d'attaquer ou de nuire à un être vivant ou à tout objet faisant obstacle à une satisfaction immédiate. On distingue les actes agressifs, les attitudes agressives qui peuvent être plus ou moins provocatrices, les paroles ouvertement agressives (menaces, insultes, critiques) ou insidieusement agressives (médisance, ironie, petites phrases assassines) ; il y a enfin les fantasmes agressifs, très fréquents, qui sont des manifestations de l'inconscient.

Mais l'agressivité n'est pas que négative. Elle peut exprimer la combativité, le dynamisme, l'élan vital, pulsion indispensable à l'adaptation dans le milieu de vie. Dans ce sens, elle est nécessaire et bénéfique. Une personne qui serait dénuée d'agressivité nous inquiéterait, comme nous inquiète un enfant « passif » : s'il ne se défend pas, on lui reproche de ne pas rendre les coups reçus et on le pousse à appliquer, en quelque sorte, la « loi du talion » (œil pour œil, dent pour dent).

La violence

Pour nombre d'encyclopédies, la violence est une force intense, extrême, brutale. Elle est caractérisée par sa nature aveugle, sans qu'il y ait une relation à l'autre. C'est ce qui la différencie de l'agressivité qui, elle, a une cible. Mais cette distinction entre violence et agressivité ne nous paraît plus de mise actuellement, puisque les deux termes sont employés comme des synonymes. Cela est illustré, entre autres, par la définition du *Dictionnaire de la psychologie* : la violence est « une force brutale qu'un être impose à d'autres, pouvant aller jusqu'à la contrainte exercée par l'intimidation ou la terreur. La violence est aussi représentée par toutes les conduites agressives qu'un sujet plus fort physiquement ou moralement fait subir à un plus faible : mauvais traitements, sévices, actions criminelles ». Une encyclopédie en ligne affirme même clairement que « l'agressivité est une modalité du comportement des êtres vivants et particulièrement de l'homme, qui se reconnaît à des actions où la violence est dominante».

Par ailleurs, la violence n'est pas le propre de l'homme: elle peut être le fait de phénomènes terrestres, tremblements de terre par exemple, ou de phénomènes climatiques, tempêtes, cyclones, avalanches, tsunamis, etc. Confronté aux éléments, l'homme prend la mesure de son impuissance et de sa fragilité. Mais elle est assurément le fait de ce dernier dans les catastrophes industrielles: Tchernobyl, Bhopal ou Seveso n'ont pas été des catastrophes naturelles, même si l'étendue des dégâts et le sort des victimes y font songer. Un degré de plus a été atteint le 11 septembre 2001: la violence était intentionnelle et il serait impropre d'appeler cela une agression; l'homme en était la cause et la victime. La violence est donc plus «forte» que l'agressivité et elle affecte plus d'individus.

Certains n'ont pas hésité à parler de «douces violences», alors qu'il s'agit de violences insidieuses – la question sera abordée plus loin –, ou, à l'inverse, on entend à tout bout de champ: «C'est violent!» L'inflation verbale dénature le concept et la dramatisation coutumière des médias en banalise la réalité. On en viendrait à croire que l'agressivité est moins grave que la violence et plus individualisée! En termes d'analyse de la communication, un énoncé peut être interprété comme agressif par le récepteur alors qu'il ne l'était pas pour l'émetteur.

C'est la question de la subjectivité : il est des personnes qui se sentent constamment agressées et même persécutées.

Mais revenons à l'origine du mot « agression ». C'est un substantif dérivé du verbe latin *adgredi* qui signifie « aller vers », d'où « s'approcher, aborder, entreprendre » et finalement « attaquer ». Le sens de base du terme « agression » implique donc une recherche d'autrui, maladroite certes, mais il éclaire ce qui se passe lors des premiers contacts entre jeunes enfants. En 1978, Irène Lézine a filmé les *Premiers échanges entre nourrissons* : ce sont des explorations et des découvertes, des échanges de communication proprement humaine.

Néanmoins les auteurs d'inspiration psychanalytique affirment l'existence de l'agressivité dès le plus jeune âge. Ils relèvent les situations d'angoisse intense du bébé et son vécu de violence, tant dans l'amour que dans la haine (Melanie Klein). Françoise Jardin et Bruno Rebillaud parlent de la violence qu'exercent l'un sur l'autre le bébé et la mère : « L'un et l'autre ne subissent-ils pas et n'agissent-ils pas l'un à l'égard de l'autre une certaine violence dès le temps des premières rencontres ? Violence, du fait de l'intensité émotionnelle du moment, éprouvée par la mère, par le père, et de l'intense imprégnation que reçoit le nouveau-né. »

Les situations qui favorisent l'agressivité

Pour comprendre l'agressivité, il est nécessaire de prendre en compte la situation, le contexte dans lequel elle émerge. Dans *Les racines de la violence*, Pierre Karli affirme qu'un comportement agressif est toujours le résultat d'une rencontre entre deux êtres vivants dans une situation donnée. En dehors des cas de prise d'alcool ou de drogue, les situations qui peuvent engendrer l'agressivité sont nombreuses : l'ennui, l'inaction subie, par exemple dans les files d'attente ; la promiscuité imposée, quand la frontière subjective de sécurité est franchie (dans l'autobus à l'heure de pointe) ; le surnombre dans un lieu clos, qui peut provoquer des réactions quasi phobiques et émotionnellement contagieuses par saturation de bruit, de chaleur et de manque d'air.

L'agressivité surgit aussi dans toute situation où la personne est frustrée, en colère, angoissée ou désespérée. Ce qu'on appelle actuellement « la crise » (récession et chômage) est susceptible de déclencher des actions violentes, individuelles (passages à l'acte du désespéré, contre lui-même et/ou autrui) ou collectives (émeutes). On connaît les phénomènes de panique, où la foule s'affole et commet dans l'anonymat des débordements et des exactions qu'un individu isolé ne se permettrait pas. Un degré extrême est atteint dans les dictatures où la soumission au tyran rend aveugle : Stanley Milgram a montré jusqu'où la soumission à l'autorité pouvait mener. « La violence est une donnée indépassable de la nature humaine, sans solution définitive », disait Sigmund Freud, dans *Malaise dans la culture*.

Vis-à-vis de la loi, il y a deux sortes de violences : la violence interdite, dont nous parlons depuis le début, et la violence légitime, exercée par l'État, l'armée et la police qui seuls en possèdent le monopole, selon la formule de Max Weber. Jean Bergeret (2006) en ajoute une troisième : « La violence défensive et protectrice, c'est-à-dire ce qu'on appelle, à juste raison, une réaction de légitime défense. Celle-ci étant destinée tout bonnement à s'assurer sécurité, intégrité, sérénité pour le sujet qui se défend. »

On peut certes réduire l'histoire de presque tous les peuples à une suite de violences et de guerres, à une lutte pour la vie, le territoire, la domination ou le pouvoir. On peut aussi, de façon positive, analyser les formes diverses d'organisation sociale inventées pour contenir, canaliser et codifier la violence des individus ou des groupes. De la sorte, les lois formulent le permis et l'interdit, le système éducatif transmet le message et la police et la justice répriment les contrevenants. Mais l'histoire des sociétés nous indique aussi que l'agressivité a toujours été orientée vers des activités symboliques, codifiées, que sont les tournois et les compétitions sportives, où le risque de débordement est, en principe, contenu par l'arbitrage.

L'éclairage éthologique

Depuis Konrad Lorenz, l'éthologie, étude des sociétés animales et humaines dans leurs milieux naturels, nous enseigne qu'il y a quatre domaines où s'exerce l'agressivité : la survie (manger, boire, se chauffer, ne pas être mangé), le territoire (sa conquête et sa défense), la place dans la hiérarchie sociale, et la reproduction qui implique la protection des petits.

Chez l'animal, la conduite agressive survient le plus souvent dans un contexte ritualisé. Les postures de menace constituent des sortes de préalables : grognements, hérissements de poils, découverte des dents, cris spécifiques, etc. Elles suffisent souvent à conclure le conflit par intimidation, parfois elles débouchent sur la lutte. Dans le combat lui-même (l'agression), on distingue deux cas : entre espèces différentes, l'animal utilise directement ses armes (dents, griffes ou cornes) ; à l'intérieur de sa propre espèce, avec les siens pourrait-on dire, la mimique est chargée d'agressivité, mais l'animal n'utilise pas ou peu ses armes dangereuses. Avec ces simulacres de combats, on est presque dans le symbolique ! L'attitude de soumission conclut généralement le combat : l'animal présente son point faible, se met en position sexuelle ou expose ses organes génitaux. Du coup, la lutte s'arrête, le perdant abandonne le terrain, la place sociale ou la possession de la partenaire sexuelle.

Par rapport à leurs petits, l'agressivité des animaux est inhibée : ils ne les attaquent ni ne les mangent, sauf dévoiement de l'instinct dû à des conditions de vie aberrantes. Les petits passent beaucoup de temps à jouer, simulant ainsi les scènes de la vie : ils se battent sans jamais se blesser, parfois sous l'œil d'un parent prêt à réguler les échanges. Le jeu est un exercice fondamental. Entre autres fonctions, il initie le petit animal ou humain à la compétition et à l'apprentissage des règles sociales. Ce sont les conditions de dressage que nous leur imposons, par transposition à l'humain, qui risquent de rendre agressifs les animaux domestiqués. Il est sûr que le petit de l'homme, aussi, évolue différemment selon ses conditions d'« élevage » : c'est la raison d'être de notre engagement pour l'amélioration de la qualité de son accueil dans ses premières années.

L'éclairage sociologique

L'étude des sociétés humaines montre que la force a toujours été valorisée et que les civilisations non violentes sont rares. Généralement, l'idéal transmis est d'être le plus fort, le plus beau, le plus riche, bref, toujours le plus. Les valeurs de compétition, rivalité, émulation, dynamisme sont inscrites chez nous dans le monde du travail, les offres d'emploi, les *curriculum vitae* ou dans la publicité qui incite en permanence à plus de performance : société de convoitise qui veut tout, tout de suite et donc ne supporte pas la frustration. Philippe Meirieu parle même de « capitalisme pulsionnel ».

Il est banal de constater que les médias tirent leur subsistance des tragédies, drames, haines et autres horreurs. En exploitant les deux pulsions principales que sont la violence et le sexe, la télévision s'assure des taux d'audience élevés et les commerces de vidéo des rapports lucratifs. La mode elle-même utilise plus que jamais les costumes ou le vocabulaire guerriers, si bien que les treillis des villes sont entrés dans les crèches : certains bébés garçons sont vêtus en petits militaires, en Spiderman ou autre représentation de l'idéal parental ! Les petites filles n'échappent pas, et moins que jamais, à la couleur rose de leurs habits et jouets.

Les données sociologiques montrent que la situation actuelle fragilise certaines familles, augmente l'angoisse des individus, grands ou petits, distend ou rompt les liens identitaires et transgénérationnels : cette perte est un facteur d'isolement et constitue un risque de désocialisation. Désocialisation, isolement et exclusion favorisent l'émergence des comportements agressifs. Si elles sont toujours aux frontons des mairies, les valeurs de la République, « *Liberté, Égalité, Fraternité* », se sont effacées dans les mentalités. La fraternité n'est plus dans l'air du temps, l'égalité a toujours été un vœu pieux ; quant à la liberté, si on y aspire quand on en est privé, elle ne peut être totale car elle s'arrête où commence celle de l'autre. Au niveau politique, Karl Popper dit même que « La liberté, si elle est illimitée, conduit à son contraire; car si elle n'est pas protégée et restreinte par la loi, la liberté conduit nécessairement à la tyrannie du plus fort sur le plus faible ». C'est la lutte contre cette tyrannie qui dicte notre engagement.

Les stéréotypes

Ils sont à l'œuvre dès la venue au monde de l'enfant. Les habits et les objets que l'on offre à la naissance ont un genre: surtout pas de rose pour un garçon! Il suffit de se promener dans un magasin de jouets pour constater combien la différence des sexes est marquée: aux filles les poupées et les robes de princesse, les ustensiles de maison (cuisine, repassage, ménage), aux garçons les voitures, les jeux de découverte, les personnages musclés, les héros guerriers, les véhicules puissants, les fusées et autres engins de conquête. Ainsi opère le façonnage social, qui sépare bien le féminin du masculin. Les filles seraient bavardes, émotives et soumises, orientées vers la beauté, la coquetterie, les valeurs domestiques de soin, de dévouement, de maternage, de fragilité. À l'inverse et comme en corollaire, les garçons ne seraient pas émotifs (ne pas pleurer !), mais forts physiquement et psychologiquement, dominateurs, conquérants et donc facilement agressifs. Les filles rêveraient de leur prince charmant et l'histoire aurait une *happy end* du type « ils se marièrent et eurent beaucoup d'enfants », alors que les garçons se verraient bien dans la fonction de président de la République. Plus tard d'ailleurs, on sait que 76 % des postes à responsabilités sont occupés par des hommes et que les femmes sont minoritaires à la tête des ministères.

Tous ces clichés, entendus depuis des lustres, ont la peau dure. Malgré les indéniables progrès de « la condition féminine », une contribution de l'Institut national d'études démographiques, publiée dans *Le Monde* du 8 avril 2009 sous le titre « Maman lave et Papa joue », nous rappelle que les deux tiers du noyau dur des tâches domestiques (vaisselle, courses, ménage, lessive, soins matériels aux enfants) sont effectués par les mères ; les pères, eux, sortent et jouent avec leur enfant et « ils privilégient nettement leurs fils [...] ce qui favorise la transmission de goûts et de comportements sexués ». Les identités sexuées ainsi reproduites sont porteuses d'inégalités et donc susceptibles de générer agressivité et violence.

Dans la réalité, comme ce sont surtout les femmes qui élèvent les enfants, dont les petits garçons, on pourrait penser qu'elles ne reproduisent pas ce schéma de dominance masculine. Il n'en est rien ou presque, puisque le modèle, on l'a vu, est intériorisé dès la tendre enfance, tant par les hommes que par les femmes elles-mêmes. Dans *Le Monde2* du 3 février 2007, l'anthropologue Françoise Héritier relate cette observation qu'elle a faite dans une société africaine : « Quand un bébé garçon pleurait, sa mère cessait toute activité pour lui donner le sein. Si c'était une petite fille, elle finissait ce qu'elle avait à faire avant de la nourrir. Quand je demandais pourquoi, on me répondait toujours qu'un garçon a le "cœur rouge", qu'il se met en colère facilement et qu'il serait en danger si on le laissait pleurer. Il faut donc lui donner satisfaction dès qu'il exprime un désir. En revanche, me disait-on, une fille devra être patiente toute sa vie : il faut donc lui apprendre à attendre dès sa naissance. Cette société crée très tôt deux types d'attitudes devant la vie : des garçons qui ont l'habitude de voir tous leurs désirs exaucés sur-le-champ et des filles qui acceptent d'attendre qu'on veuille bien leur apporter ce dont elles ont besoin. » Elle ajoute : « Dans nos sociétés modernes, les traces de la domination masculine sont également très vivaces. Au cours d'une expérience de psychologie menée dans une université américaine, des chercheurs ont ainsi demandé à deux groupes d'étudiants de commenter la photographie d'un bébé qui hurle, la bouche grande ouverte et les poings fermés. On en demande la raison. Si les chercheurs affirment qu'il s'agit d'un petit garçon, le groupe répond que le bébé est en colère, qu'il est très fâché et qu'il ne supporte pas d'être contrarié. S'ils prétendent qu'il s'agit d'une petite fille, le groupe déclare qu'elle a peur, qu'elle est triste, qu'on lui a fait mal et qu'il faut la consoler. Spontanément, face à la même image, nous associons donc le masculin à la colère, l'action ou la révolte et le féminin à la plainte, la peur ou la tristesse. »

Pour justifier l'« infériorité féminine », on avance des arguments prétendument « scientifiques et objectifs », dont la presse féminine fait ses choux gras. On ne trouve pas d'article, à ma connaissance, dans la presse dite masculine traitant des soins aux enfants, de la décoration de la maison et autres « ouvrages de dames ».

Au congrès d'Avignon de 2008[1], à contre-courant des idées reçues qui font toujours recette dans les médias ou les dîners en ville, Catherine Vidal a été catégorique sur l'absence de différence, enfantement mis à part, entre les capacités ou les performances des hommes et des femmes. Si ces dernières « ne savent pas lire les cartes routières », ce n'est nullement par une incapacité constitutive mais par manque d'entraînement, peu incitées qu'elles ont été à s'orienter dans l'espace. Elle a pourfendu le cliché de la différence entre cerveau droit et cerveau gauche qui énonce que l'un serait plus

1. Sous la direction de Michel Dugnat, *Masculin, fémimin : bébé(e)*, Toulouse, érès, à paraître.

sensitif, l'autre plus rationnel. Grâce aux progrès de l'imagerie médicale, dit-elle, la neurobiologie nous a appris la notion de plasticité cérébrale, cette capacité à se modeler en fonction de l'expérience. Ni la taille du cerveau ni les hormones ne jouent un rôle prépondérant dans les fonctions cognitives élaborées que sont le langage, le raisonnement, la conscience et l'imagination. « Rien n'est jamais figé dans le cerveau. Nos circuits de neurones sont largement fabriqués au gré de notre histoire personnelle. Seules 10 % des connexions sont présentes à la naissance. Les 90 % restantes vont se construire progressivement en fonction des influences de la famille, de la culture, de la société. Cette plasticité cérébrale, très prononcée chez l'enfant, est toujours à l'œuvre chez l'adulte. Il s'agit là d'une notion importante à considérer pour éviter de tomber dans le piège de certaines interprétations hâtives : voir des différences, entre les individus ou les sexes, ne signifie pas qu'elles sont inscrites dans le cerveau depuis la naissance et qu'elles y resteront. »

L'apport de la psychologie, de la psychanalyse et de l'analyse systémique

Les pulsions

En préalable, il faut distinguer l'instinct, propre à l'animal, de la pulsion, propre à l'homme. L'instinct est préformé et fixé dans un schéma particulier à une espèce. La rigidité de l'instinct n'est pas humaine, car dès sa naissance et peut-être même avant, l'homme est façonné par son histoire et sa culture, facteurs éminemment variables. L'instinct est invariable. Cela ne veut pas dire que l'être humain ne soit pas capable de réactions rapides et presque automatiques, qu'on qualifie couramment d'« instinctives ». « J'ai fermé la porte instinctivement » signifie simplement « je n'ai pas réfléchi en fermant la porte ». Les seuls comportements humains qui semblent instinctifs sont « les réflexes archaïques », comme la marche automatique du nouveau-né. Encore faut-il remarquer qu'on les appelle « réflexes » et non comportements instinctifs.

Dès 1905, Sigmund Freud décrit la pulsion comme une charge énergétique à la source de l'activité motrice et du fonctionnement psychique inconscient de l'homme. On en distingue deux sortes, orientées dans deux directions opposées, la pulsion de vie et la pulsion de mort. La pulsion de vie est la tendance à l'autoconservation, au maintien et à l'affirmation de l'existence ; elle est aussi l'élan de la sexualité et c'est pour cela qu'on l'appelle Éros. On comprend aisément que, par son dynamisme, elle soit source de conflits et donc d'agressivité. La pulsion de mort, appelée Thanatos, est au contraire une tendance à la réduction absolue des tensions ou des conflits ; elle tend à l'immobilité par la destruction ; elle est à l'œuvre dans les violences intentionnellement destructrices. L'agressivité participe autant de la pulsion de vie que de la pulsion de mort.

Cette ambivalence est essentielle quand on cherche à comprendre ce qu'est l'agressivité. Chez la même personne et dans le même élan coexistent deux sentiments contraires, l'amour et la haine – « Je t'aime, moi non plus », chante Gainsbourg –, qui fondent l'agressivité. La pulsion orale illustre cette ambivalence, quand elle vise à incorporer l'objet d'amour et par là, à le dévorer, à le détruire. « Chez le nourrisson, l'amour et la haine sont déjà là dans toute leur intensité », dit Donald W. Winnicott, qui ajoute : « Un petit enfant vit l'amour et la haine avec autant de violence que l'adulte. » Au début de la vie, la mère est à la fois gratifiante, donc objet d'amour, et frustrante, donc objet de haine. Pour la mère, le bébé est aussi objet d'amour, ce qui est amplement valorisé, et objet de haine, ce qui est plus difficile à admettre et en général nié, un tabou se cachant là.

Cette ambivalence peut provoquer de la frustration, tension engendrée par un obstacle qui empêche le sujet d'atteindre un but ou de réaliser un désir : s'affrontent alors le principe de plaisir, but de la pulsion, et le principe de réalité, qui lui fait obstacle. Les réactions à la frustration engendrent parfois le refoulement, la fuite ou évitement, et l'agressivité. La pulsion d'agressivité devient source d'angoisse, peur intense ou inquiétude profonde, sentiment de menace imminente s'accompagnant de symptômes neurovégétatifs (sueurs, palpitations). L'angoisse est le lot de tout un chacun, à des degrés divers, quand on ressent en soi violence et destructivité. L'anxiété est plus envahissante encore, car elle est sans motif conscient et la cause en est indéterminée ; elle peut être invalidante.

Les mécanismes de défense

Pour nous tromper ou nous aider, en tout cas pour nous soulager, l'inconscient produit des mécanismes visant à nous défendre de pulsions incontrôlables ou dangereuses, comme l'agressivité. Le refoulement est le premier mécanisme de défense décrit par Sigmund Freud, en 1895 : il maintient activement hors de la conscience des représentations inacceptables par le sujet. L'inconscient utilise le rêve, le lapsus et les actes manqués, qui sont l'expression du refoulé et sont des symptômes normaux.

Autre mécanisme de défense, très commun mais pouvant aller jusqu'à la psychose, le déni : c'est le refus d'admettre une vérité. Le sujet dit « mais non, pas du tout », là où il se sent en danger. Sigmund Freud rapporte le propos d'un homme : « J'ai rêvé d'une femme, mais ce n'était pas ma mère » ; en se défendant d'une représentation, le déni la révèle. Le renversement en son contraire est un mécanisme de défense assez trompeur. Il agit en effet en affirmant l'inverse de ce que l'émotion manifeste. C'est l'enfant disant « papa maman, je vous aime », alors qu'il vient de fantasmer leur destruction catastrophique, ou celui qui frappe sa mère et lui dit aussitôt : « Maman je t'aime, je vais t'acheter des fleurs. » Nous l'observons bien en crèche quand on tente de transformer en son contraire l'émotion d'un enfant de près de 3 ans à qui on demande de faire un bisou réparateur à celui qu'il vient de taper : l'enfant plaque une bise en regardant l'adulte. Le bisou, à ce moment, n'est pas authentique ; il relève d'une sorte de mécanique de dressage, et non de l'éducation, en somme un clic du type « annuler frappe » !

Il y a bien d'autres mécanismes de défense, car l'inconscient a plus d'un tour dans son sac. Nous en choisirons deux, pour leur utilité transparente : l'un est l'identification à l'agresseur, quand on devient celui qui fait peur et qu'on supprime ainsi la crainte qu'il provoque, par exemple l'enfant qui joue au loup ou au docteur. Geneviève Haag parle joliment de « théâtralisation joyeuse dans le faire semblant » : elle affiche l'utilité du procédé, mais pointe sa nocivité si le procédé est poussé à l'extrême et fait effraction dans le psychisme fragile de l'enfant ; l'autre est plus commun mais aussi utile, même s'il nous agace : c'est l'oubli, l'oubli sélectif (ne l'est-il pas toujours ?), qui nous permet de construire ou reconstruire notre histoire selon notre vérité subjective, laquelle a peu à voir avec la vérité factuelle.

On doit citer aussi la sublimation, capacité à satisfaire la pulsion sans atteindre le but originel. La sublimation est à l'œuvre dans les processus sociaux comme l'art ou le sport. Elle transforme la pulsion de vie ou la pulsion de mort en un objectif moralement ou socialement acceptable. C'est ce que l'on fait de bien dans nos vies et nous aide à nous lever le matin et à aller « au-delà du principe de plaisir » !

La conscience de soi

« La première enfance est un état où l'individu n'est pas capable d'éprouver de sentiment de culpabilité », affirme Donald W. Winnicott. « Il semble impossible de penser *qu'avant 5 ans* un enfant ait à sa disposition une technique bien assurée lui permettant d'accepter l'entière responsabilité de ses idées destructrices. » L'auteur soutient en outre qu'« il est relativement facile de découvrir notre destructivité lorsqu'elle est liée à la colère due à une frustration, ou à la haine pour une chose que nous désapprouvons, ou lorsqu'elle constitue une réaction à la peur. Par contre, nous avons du mal à assumer toute la responsabilité de la destructivité qui s'attache par nature à notre relation avec un objet ressenti par nous comme bon donc objet d'amour ». Il n'y a en fait aucune intention de nuire chez le jeune enfant. Il peut avoir des comportements violents, se livrer à des actes agressifs, mais l'enfant de moins de 3 ans n'a pas encore la capacité de discerner le bien du mal. Il n'est pas encore conscient des limites entre lui et autrui et il le sera à peine vers ses 3 ans. – Ali, 16 mois, manipule un gros cube à deux mains. Ludo, 18 mois, s'approche, tente de le lui prendre puis y parvient. Ali se détourne. Ludo laisse alors tomber le cube qu'il venait de conquérir. Le cube ne l'intéressait-il pas? Françoise Dolto interprétait ces scènes si fréquentes comme l'expression du désir de l'un

(Ludo) souhaitant devenir « l'autre dans son action ». Ludo voulait être Ali jouant avec le cube. Le cube tout seul n'a plus aucun intérêt. Ludo ne « sait » pas encore qu'il est Ludo et n'est pas Ali.

Il faut du temps à l'être humain, immature à l'origine, pour qu'il « défusionne », se désaliène, s'individualise avant de gagner son autonomie puis son indépendance : le processus de séparation/individuation est lent. C'est ce qu'on appelle la maturation ; elle passe par une série de crises que nous étudierons ultérieurement, mais que nous pouvons évoquer dès à présent : la naissance, le sevrage, la marche et son corollaire, l'apprentissage de l'interdit, l'acquisition de la propreté sphinctérienne, sorte de « licence » pour entrer à l'école (!), l'adolescence, etc. Il est capital de retenir que le nouveau-né n'a conscience ni de lui-même ni de l'autre et que ce processus de maturation prend au moins trois ans pour s'élaborer. C'est autour de 3 ans, quand l'enfant s'affirme en employant le *je*, en sachant son prénom et son nom, que l'on peut établir qu'il a acquis la conscience de sa différence avec autrui. La conscience de soi et la conscience de l'autre se construisent en même temps, l'une avec l'autre.

L'éclairage de l'analyse systémique

L'analyse systémique fournit des outils performants. Elle considère la famille comme un système d'individus en équilibre fragile, système plus ou moins rigide ou souple, plus ou moins ouvert ou fermé. Le processus de sa constitution et de sa maturation passe lui aussi par un certain nombre de crises.

La crise est un bouleversement qui affecte tout le système et oblige à un réajustement, un rééquilibrage de la famille. Elle provoque des changements dans les modes habituels d'interaction. Elle est donc un moment, un passage où le système familial est obligé d'évoluer. Les systèmes familiaux rigides ou fragiles courent le risque, plus que d'autres, de ne pas résister à la crise. Le changement induit l'instabilité, plonge dans l'inconnu, génère l'angoisse, laquelle, nous l'avons vu, peut se décharger en agressivité.

Par ailleurs, l'analyse systémique nous révèle ce qu'elle nomme le « mythe familial », qui se définit par l'ensemble des croyances et des valeurs partagées par tous les membres de la famille. Il en résulte des rituels, des codes, des règles de fonctionnement explicites ou implicites à l'œuvre dans les interactions familiales. « On fait comme ci et pas comme ça », « chez nous, c'est raviolis le dimanche soir », ou bien « on demande la permission avant de se lever de table ». Chaque famille a sa manière de se saluer (ou pas) le matin : un simple signe de tête, une parole, une bise, ou deux ou trois, autant de codes propres à chaque système. Plus le mythe est puissant, moins il admet de transgressions et l'individu qui ne le respecte pas va forcément être mis à l'écart, voire exclu, donc fragilisé. Certaines personnes seront ainsi considérées comme les véritables « boucs émissaires » de leur famille (René Girard). Bien entendu, l'exclusion est source d'angoisse, donc potentiellement créatrice d'agressivité.

La famille se construit et se déploie dans le « cycle de vie », qui comporte successivement la constitution du couple, la naissance du ou des enfants, leur adolescence, leur départ du foyer, etc., jusqu'à l'entrée dans le vieillissement. Selon cet éclairage systémique, on distingue donc au moins cinq occasions de crises au passage d'une période à l'autre dans le cycle de vie. Même si d'autres sortes d'événements, imprévisibles et plus ou moins perturbants (accidents, maladies, ruptures), peuvent susciter des bouleversements dans le système, nous ne prendrons en compte ici que les étapes normalement attendues.

La constitution du couple ne se fait pas sans difficulté et elle nécessite des ajustements réciproques souvent délicats, ne serait-ce que parce qu'il y a changement du statut de « fils de » ou de « fille de » à celui d'« homme de » ou de « femme de ». Outre cela, le partage du quotidien dans ce qu'il a de plus terre à terre ou d'intime peut poser des problèmes de frontières subjectives et de tolérance vis-à-vis du territoire et de sa gestion. Plus largement, le système familial dont chaque membre du couple est issu peut vouloir garder le couple ou l'un de ses membres dans sa zone d'influence. Ainsi, une mère nous a confié avec fierté que son fils, installé en couple, venait lui apporter son linge à laver et à repasser toutes les semaines. La notion de distance, indispensable à l'autonomie, ne s'applique pas seulement au jeune enfant, mais aussi au jeune adulte.

La naissance du premier enfant est une étape dont certains couples ne se remettent pas. — Méline et Oscar viennent voir le psychologue pendant que leur enfant de 11 mois est chez l'assistante maternelle. Ils lui demandent « comment agir pour ne pas faire de mal à leur bébé car ils sont en train de se séparer ». L'un et l'autre répriment à grand peine leurs larmes, chacun exprime à sa manière, agressive parfois, sa déception. Depuis la naissance du bébé, le rêve est détruit, la vie de couple est terminée. Elle dit qu'elle « ne se sent que mère, c'est tout », et lui que « ça fait mal d'aimer quelqu'un qui ne vous aime plus ». Chacun veut préserver l'enfant, lui épargner sa souffrance. — D'autre part, l'accession au statut de parent s'accompagne de changements dans le système familial : les parents deviennent grands-parents, les frères et sœurs deviennent oncles et tantes. Le ressenti des nouveaux parents, père et mère, diffère. Chacun s'est projeté dans une représentation du bébé à venir, sexe, prénom, caractère, avenir même. Bien avant sa naissance, les parents imaginent le « bébé du rêve », que chacun a plus ou moins consciemment imaginé depuis ses propres jeux d'enfants.

Patrick Ben Soussan parle ainsi de « [...] mes rêves, cette illusion si structurante qui s'appelle l'enfant imaginaire, cette assurance d'une vie meilleure pour lui, meilleure que celle que j'ai connue, exempte de souffrances et de malheurs... une vie de rêve ! » De fait, la confrontation avec le bébé réel peut se révéler difficile. Parfois déjà ressenti comme persécuteur pendant la grossesse (« il me donne des coups de pied »), ce bébé de chair entend, de son berceau, des paroles douces ou amères sur son apparence, son sexe (« je voulais un garçon »), ses pleurs, ses gestes – bref, sur son « être au monde » que les adultes, famille ou professionnels, interprètent et dont ils prédisent les conséquences : ce sont les bonnes ou mauvaises fées qu'évoquait Françoise Dolto dans ses nombreuses prises de parole. La naissance du ou des enfants suivants occasionne naturellement des réaménagements, tant matériels qu'affectifs. L'aîné n'est plus l'unique et il n'a pas forcément « la joie d'annoncer la naissance » du second : la naissance de l'autre peut générer l'angoisse et se manifester dans des actes agressifs qui sont, rappelons-le, pulsionnels et non intentionnels chez le jeune enfant. C'est, par exemple, l'aîné qui remplit le berceau où dort le nouveau-né de peluches et de doudous « pour qu'il joue », et tente ainsi de faire disparaître la cause de son angoisse.

L'adolescence est une crise majeure, plus ou moins longue, plus ou moins violente selon les individus, les familles ou les cultures. Au cours de cette révolution, tant corporelle que psychique, l'individu subit une véritable mue, qui le force à accepter de perdre ses repères d'enfant pour se construire une identité aléatoire et mystérieuse. La plupart du temps, cette mutation s'accompagne d'un rejet des valeurs familiales, considérées comme « nulles et ringardes », dépassées pour les « jeunes de maintenant ». L'adolescence est un passage obligé pour que le jeune puisse se démarquer et trouver sa propre identité, et ce passage implique parfois des manifestations excessives et angoissantes pour tout le système familial. L'agressivité peut surgir alors, dirigée contre les membres de la famille ou retournée contre l'adolescent lui-même sous forme de piercings, de drogues, de conduites à risques ou suicidaires, qui témoignent de sa difficulté d'« être-en-devenir ». Mû à la fois par le désir de progresser et celui de régresser, celui de grandir et celui de rester bébé, le sujet est dans l'ambivalence. Plus tard et quelquefois très vite, quand le jeune prend son essor et entre dans l'âge adulte, pour constituer un couple mais pas nécessairement, émerge parfois chez les parents ou l'un d'eux ce qu'on appelle le syndrome « du nid vide » : la chambre désertée de l'adolescent devient le symbole d'un vide existentiel, suscite une déprime, un sentiment de vacuité qui fragilise et angoisse, et fait donc courir un risque d'agressivité envers autrui ou soi-même.

Et comme ce départ coïncide souvent avec la fin de l'activité professionnelle des parents qui, elle aussi, signe une sorte de vide possible, il peut être perçu comme un triste prélude au vieillissement, sur lequel pèse actuellement un tabou : il est de bon ton d'être un « vieux jeune ». L'issue naturelle du vieillissement étant la mort, nous laisserons de côté ce sujet, lui aussi tabou dans notre société, bien que le vieillissement ne mette pas l'adulte à l'abri des manifestations d'angoisse et d'agressivité.

En revanche, le jeune enfant n'a pas une idée claire de la mort. Mais il lui arrive de réagir avec inquiétude, par exemple à la vue de quelqu'un qui dort. À la crèche, beaucoup d'enfants vont tourner autour d'un enfant endormi, le toucher, ou même le taper ; à la maison, ils feront de même avec les plus grands ou les adultes. Il n'y a point de « méchanceté » de leur part, seulement une réaction face au mystère du sommeil et à son « inquiétante étrangeté ». L'enfant semble vouloir faire « revenir à la vie » le dormeur. De même, les pleurs d'autrui sont des comportements angoissants pour le petit enfant. Drina Candilis, en 1985, a fait une belle étude des pleurs et des cris des bébés. Nous avons souvent observé, en crèche, des enfants qui tapent l'enfant qui pleure : probablement une manière de vouloir faire cesser les pleurs de l'autre en adoptant un mode de contact peu consolant certes, mais actif. L'acte, même maladroit, fait au moins diminuer l'angoisse.

Vie intra-utérine, naissance et première année

Nous savons que, dans sa vie intra-utérine, le fœtus réagit aux stimulations internes ou externes. Nous supposons qu'il fait déjà l'expérience de la douleur, quand ses battements de cœur s'accélèrent ou qu'il s'agite. Il réagit lors des tensions ressenties par la mère, par exemple aux bruits violents ou aux déséquilibres corporels, à ses stress, à ses émotions, à ses prises de produits toxiques. Il donne des signes de sa souffrance quand il éprouve la faim, des coliques, des accélérations cardiaques, des sursauts indiquant que sa quiétude est perturbée. Par ailleurs, même si l'échographie est un progrès médical en termes de prévention des risques, elle constitue une intrusion spéculaire dans un monde auparavant mystérieux. Pour Michel Soulé, elle est « une interruption volontaire de fantasme » : on veut « tout » voir, et peut-être tout maîtriser ;

de là à vouloir « le risque zéro », il n'y a qu'un pas. La pratique des déclenchements d'accouchements, quand il n'y a pas d'indication médicale, est encore un indice de la maîtrise que l'on souhaite avoir sur le processus. Qui peut dire que ce n'est pas une agression pour le fœtus ?

Le bébé et le genre

Avant sa naissance, le bébé est imaginé de l'un ou de l'autre sexe, la neutralité du sexe n'existant pas. Dès sa conception, on ne peut attendre qu'un – et non pas une – bébé, la langue ne disposant que d'un substantif masculin. Mais la question se pose rapidement, généralement à demi masquée par la réflexion habituelle : « Fille ou garçon, peu importe, pourvu qu'il (masculin) soit bien constitué ! » Cette « bonne » constitution inclut le sexe, bien sûr. Comme le dit Colette Chiland, « l'enfant a un sexe dans la tête de l'autre avant d'en avoir un dans sa tête ». Du temps où l'on ne disposait pas de l'échographie, la première chose qu'on regardait chez l'enfant à la naissance était son sexe. Le « c'est une fille » ou « c'est un garçon » provoquait alors une joie ou une déception plus ou moins culpabilisante et refoulée. Au cours de l'échographie, l'interrogation des parents privilégie le sexe, en espérant que tout le reste va bien. Il y a encore de futurs parents, bien sûr, qui choisissent l'incertitude afin de préserver l'effet de surprise à la naissance.

La question se complique quand le sexe du bébé est indéterminé : l'ambiguïté est difficilement supportable pour les parents et inacceptable pour l'état civil. Il est impossible pour les parents d'échapper à la différenciation de sexe qu'on leur impose officiellement : il y a là une forme de vraie violence qu'on pourrait appeler « violence du genre ». Comment prénommer, annoncer et déclarer la naissance dans le cas d'indifférenciation ? Les parents sont alors véritablement assignés à choisir, certes avec l'aide du corps médical, à déclarer civilement et à éduquer dans un genre ou un autre. On sait bien que, dans tous les cas et pas seulement dans celui de l'indifférenciation, ce genre pourra être remis en question par l'enfant ou l'adolescent au cours de sa croissance, qu'il pourra parfois ne pas accepter de s'y conformer et se forgera un « genre identitaire » différent du sexe.

Les rêveries des parents incluent l'identité sexuelle du bébé, en particulier par le choix du prénom. Selon les époques et les cultures, ce choix est dicté par des traditions, qui se réfèrent à la famille, à la lignée, ou par des modes qui rompent avec les générations précédentes et tentent de s'intégrer dans l'air du temps. Les pratiques actuelles sont diverses, originales et inventives pour les uns, gênantes et même déstabilisantes pour les autres.

Mais, quelles que soient l'époque et la culture, mis à part quelques cas du type Claude ou Dominique, le prénom du nouveau-né porte la marque du masculin ou du féminin.

Il reste que l'accord des parents sur un prénom n'est pas acquis d'avance. Certains avouent qu'ils s'étaient fixé un prénom, mais comme le nouveau-né était de l'autre sexe, il leur a été très difficile d'en trouver un autre. On connaît aussi les polémiques que suscite dans le couple le choix du prénom, des pères imposant même leur volonté quand ils sont les premiers à déclarer l'enfant à l'état civil ! Parfois l'enfant portera deux prénoms, l'un choisi par le père et l'autre par la mère, ou bien l'un de la culture d'origine et l'autre du pays actuel. À cela s'ajoute à présent la possibilité de donner à l'enfant les patronymes des deux parents. La dénomination se complique au point de favoriser de plus en plus l'utilisation du surnom. Ces remarques donnent une idée de ce qui se joue pour l'enfant autour de son berceau, de ce qui ne concerne pas vraiment son identité mais que projettent sur lui les parents, la famille et même la société, comme si son entourage voulait le prédestiner ; or, comme le dit Colette Chiland, « le prénom n'est pas un destin ».

Pour l'enfant, c'est le bain relationnel et culturel dans lequel il est immergé qui va l'influencer pour distinguer le féminin du masculin et pour s'identifier à son genre. L'environnement qu'on lui ménage est généralement très marqué : couleur des vêtements, nature du jouet – parfois même les doudous sont roses ou bleus –, décoration du lit, organisation de la chambre, etc. En toute bonne foi, les parents ménagent la discrimination sexuelle. Par l'expérience clinique, on commence à mieux connaître l'éveil des sens pour le bébé. En enregistrant les orientations de la tête et les durées de fixation du regard, on remarque que le bébé s'intéresse à la nouveauté (il regarde plus longtemps une nouvelle image). À 2 mois, il différencie la voix masculine de la voix féminine. À 5, il différencie les photos de femmes de celles d'hommes. À 9, garçons et filles parviennent à associer de façon appropriée les voix féminines à des photographies de femmes. Dès 12 mois, les sujets des deux sexes regardent de manière plus soutenue des photographies d'enfants du même sexe qu'eux. À partir de 18 mois, ils arrivent à associer les voix masculines à des photos d'hommes. Nous reprenons là presque textuellement les conclusions de Gaïd Le Maner-Idrissi, qui ajoute : « L'attention préférentielle témoigne non seulement de la capacité à différencier et identifier les deux sexes, elle traduit aussi un premier niveau de prise de conscience du sentiment d'appartenance à l'un des deux groupes. On considère, en effet, que le fait de regarder plus attentivement des personnes appartenant au même sexe que le sien puisse constituer un premier signe de valorisation du groupe d'appartenance. »

À 2 ans, les enfants ont déjà différencié leurs occupations, les filles dans des activités plutôt calmes, les garçons dans des jeux plus actifs ; mais ils n'en ont pas la conscience explicite, alors qu'autour de 3 ans, l'enfant se qualifie sans hésiter et justement de fille ou de garçon. Ainsi, bien que l'assignation du sexe ait été faite à la naissance, la subjectivité de l'appartenance à un sexe ou à un autre n'est acquise que vers l'âge de 3 ans. C'est aussi l'époque où l'enfant se constitue comme sujet, capable de dire « moi, je », « je m'appelle Juliette ou Arnaud », « je suis une fille » ou « je suis un garçon ». C'est dans la troisième année que les relations sociales vont se faire en privilégiant les pairs du même sexe.

La naissance

La naissance serait la première peur éprouvée par l'être humain et le modèle de toutes ses peurs ultérieures. Elle a été longuement décrite comme la première séparation violente, ou douloureuse, d'avec la mère. Pourtant certains bébés naissent en dormant. C'est, à tout le moins, une véritable révolution pour l'être humain qui passe du milieu aquatique au milieu aérien, d'un milieu protégé à un milieu exposé, dont il est totalement dépendant pour sa survie. C'est quitter la symbiose et se séparer pour la première fois. Tout enfant qui joue inlassablement au bac à sable ou à graines à vider-remplir, à mettre dedans-mettre dehors, se mettre dedans-sortir, fait preuve d'un intérêt et d'une concentration remarquables. Ce jeu d'intégration spatiale pourrait aussi être une « mise en acte » du phénomène extraordinaire et si banal qu'est la naissance. De même, certains enfants jouent parfois comme s'ils voulaient « entrer de nouveau », retrouver un contenant rassurant. Enfin, à tout âge, la position fœtale, en boule, est recherchée lors de l'endormissement ou du repli sur soi. C'est aussi une position souvent prise quand on est en danger et qu'il faut se protéger d'une agression réelle ou supposée.

Pour en revenir au nouveau-né, il faut reconnaître qu'il était de tradition de le faire crier s'il ne le faisait pas tout seul ! Les travaux du Dr Fernand Lamaze sur *l'accouchement sans douleur* puis ceux du Dr Frederick Leboyer sur *la naissance sans violence* ont montré qu'il était possible de naître autrement : le nouveau-né est capable de respirer sans recevoir de fessée. Cette idée a fait son chemin, mais les manœuvres qu'on lui fait subir ne sont pas toujours de la plus grande douceur. Nous pouvons supposer que dès les premières heures de sa vie, le bébé éprouve la douleur, ce qu'on ne lui reconnaissait pas autrefois quand on affirmait qu'il ne sentait rien. Pourtant, le cri reste valorisé : il est considéré comme un signe de vie alors qu'il est poussé au moment suprême où se côtoient la vie et la mort qui rôde. Le début de la vie du nouveau-né ne se déroule donc pas forcément dans un climat de grande quiétude.

Pour la mère, surtout si elle est primipare, l'expérience de l'accouchement est unique : elle peut être exaltante, mais aussi angoissante, comme toute première fois. Il lui revient des messages de son inconscient concernant sa propre naissance, des messages plus ou moins explicites de sa propre mère sur ses accouchements à elle, leurs péripéties, les dangers vécus ou supposés. Nous avons déjà évoqué le bouleversement du passage du statut de fille à celui de mère, qui pousse du même coup sa propre mère dans le statut de grand-mère : ces transitions ne sont pas anodines, elles peuvent être angoissantes et par là source d'agressivité !

Pour le père, qui n'a pas vécu l'expérience corporelle et psychique de la future mère, l'angoisse n'est pas vécue de la même façon. Il peut s'être senti évincé par « le couple imaginaire » de sa femme avec son gynécologue, ou celui de sa femme avec l'enfant à venir. S'il a été informé de la grossesse, s'il l'a assumée, il est néanmoins confronté à l'inaliénable différence des sexes (au moins jusqu'à présent). On lui demande, au mieux, d'accompagner puis de reconnaître cet enfant sur la seule confiance qu'il a en sa compagne. Mais on ne saurait omettre de mentionner certaines réactions : on connaît la *couvade*, phénomène décrit par les ethnologues, et diverses manifestations qui apparaissent chez certains pères pendant la grossesse de leur compagne ou à la naissance de l'enfant, prises de poids, maux de ventre, etc. Ces manifestations s'interprètent parfois comme des somatisations anxieuses qui pourraient révéler une crainte ou une ambivalence au sujet de la paternité, et de l'ambivalence naît en certaines occasions l'agressivité. Des violences peuvent alors se déclencher à l'encontre de la future mère.

Le nourrisson et ses partenaires

Le vécu de la naissance est souvent décrit comme global et violent. Mais qu'en savons-nous au juste, sujets que nous sommes à l'amnésie infantile ? On ne peut écarter néanmoins les angoisses du nouveau-né qu'ont décrites des chercheurs compétents et fiables. Il y a le sentiment d'impuissance (ne rien pouvoir seul quant à sa propre survie), l'appréhension de l'abandon, la crainte d'être oublié et le désespoir qui en découle, la peur du morcellement et de la destruction, celle de la « dévoration » déjà évoquée à propos du stade oral. J'ajouterai la menace que représentent l'imprévisibilité, l'aléatoire, l'incohérence des soins prodigués au bébé. Quels moyens va-t-il trouver pour s'en sortir, qui va l'aider à développer ses compétences ? L'adulte tutélaire, en général la mère, va installer (ou pas) la sécurité de base indispensable au bon développement du bébé grâce au tissage du lien d'attachement (John

Bowlby) et le bébé va être actif dans le processus, vrai partenaire dans l'interaction. Dans une séquence de l'émission télévisée, *Le bébé est une personne* (1984), on voit T. Berry Brazelton en interaction avec un bébé de quelques heures : le pédiatre fabrique autour du bébé une « enveloppe » manuelle et vocale, contenant destiné à établir sa sécurité de base sans laquelle ses compétences ne pourront se développer. La séquence prouve que le bébé agit réellement avec « des capacités stupéfiantes d'éveil et d'attention ». De manière plus générale, T. Berry Brazelton a fort bien parlé des compétences du nouveau-né et de ses parents. Il décrit les différents états de conscience du nouveau-né : le sommeil profond (pas de réaction aux stimulations externes) ; le sommeil paradoxal (le bébé peut réagir ou non) ; l'état intermédiaire de somnolence dont il peut se réveiller ; l'éveil alerte, qui dispose le bébé à l'interaction ; l'éveil alerte mais furieux, que l'on peut facilement calmer ; enfin les pleurs, où il faut intervenir rapidement pour apaiser le bébé, ce qui lui donnera confiance en son environnement et confortera les compétences parentales. Il n'y a aucun intérêt à laisser pleurer un nouveau-né ; certains cas de maltraitance commencent là, parfois avec des intentions éducatives bien définies (« il ne doit pas trop s'habituer aux bras ») et c'est bien sûr dommageable. Il y a au contraire tout intérêt à susciter les compétences du nouveau-né, dans ses moments d'éveil, en prenant garde à ne pas disqualifier les nouveaux parents dont l'expérience ne s'acquiert que progressivement. À l'inverse, on ne doit pas prétendre lui faire acquérir une hyper-compétence en le stimulant trop ou aux moments où il a besoin de repos.

Accordage ou dysharmonie ?

La notion d'accordage, empruntée au registre musical suggérant l'harmonie ou la dysharmonie, a été introduite par Daniel Stern. Elle complète et enrichit la métaphore du tissage d'enveloppes sécurisantes. Les attitudes posturales, le portage, l'enveloppement des bras et le bercement expriment l'activité motrice et émotionnelle de l'adulte. Certaines mères bougent très souvent, d'autres sont assez immobiles. La gestuelle peut être souple ou raide, rapide ou lente, accordée ou pas aux mouvements du bébé. Les bébés sont eux-mêmes tous différents, plus ou moins toniques. Ils peuvent être perçus comme calmes ou agités, faciles ou inconsolables, etc. Les soins du corps, les caresses, les stimulations, les chatouilles et autres jeux dits « de nourrice », leur fréquence, leur intensité sont des indicateurs du style des interactions. Ces soins peuvent être tendres ou anxieux, plus ou moins intrusifs, excessivement stimulants ou pas assez. Le bébé peut en redemander ou être débordé ou bien encore se détourner de trop de sollicitations.

L'allaitement, au sein, au biberon, le contact peau à peau sont des moments qui peuvent être harmonieux ou déjà discordants, anxieux, conflictuels. Le nourrissage peut être imposé à contretemps, dans une rupture de l'harmonie : on voit parfois des restrictions imposées, ou au contraire des gavages. Les signaux olfactifs, l'odeur de la mère, celle du bébé et leur reconnaissance précoce participent aussi au concert des modalités sensorielles qui vont faire lien entre les partenaires de l'interaction.

Dans l'échange avec le bébé, le regard et la voix jouent un rôle primordial : d'une part, le contact par les yeux, la recherche et la poursuite visuelle, la fascination, ou au contraire l'évitement du regard ; d'autre part, la caresse vocale, la mélodie mimétique, ou au contraire l'absence de vocalises et le silence, autant de modalités sensorielles qui vont servir de canaux au flux interactif entre la mère et le bébé, lesquels sont souvent en imitation réciproque.

Le respect des rythmes du bébé est souhaitable et la mère va s'ajuster plus ou moins facilement au prix, parfois, de sa propre résistance et selon son degré de tolérance, sans parler de l'éventuelle dépression du post-partum. Le non-respect des rythmes de sommeil ou des signes de fatigue chez le bébé crée une difficulté d'accordage. La mère peut se tromper quand elle interprète les pleurs du bébé, qui sont parfois de simples appels et pas toujours des cris de faim. Elle peut perturber le besoin de cohérence du nourrisson dans sa construction par l'amorce d'un contact aussitôt interrompu, l'irrégularité du rythme des soins, l'excès de visites « mondaines » ou de consultations médicales : autant de risques d'éparpillement et peut-être de malaise ou d'incompréhension dans le couple mère-enfant ou dans le système familial.

Dans cette spirale interactionnelle entre deux partenaires aussi dissemblables que possible – dont parle Julian de Ajuriaguerra – il n'y a pas, par bonheur, que des difficultés d'accordage car, souvent ce dernier est harmonieux.

L'expérience précoce du manque

La naissance, avons-nous dit, provoque la rupture de la symbiose originelle. Beaucoup de chercheurs postulent que nous avons, pour toute la vie, la nostalgie de ce présumé bonheur parfait dans « l'éden » du ventre maternel. La pulsion de vie nous ferait sans cesse chercher à rétablir quelque chose de cette complétude supposée, de ce soulagement des tensions que nous observons chez le bébé repu. Mais l'apaisement ne saurait durer, l'état de manque lui succède et le cycle recommence. Dans notre recherche de la plénitude, seul l'état amoureux nous procure l'illusion de la complétude, avec « l'alter ego », l'autre moi-même, ou l'autre différent qui nous complète, « ne fait qu'un avec nous ».

Quand il a faim ou froid, s'il est trop stimulé ou pas assez, le nouveau-né ressent une souffrance globale et violente, d'origine inconnue. L'apaisement lui viendra d'un ou des adultes familiers et ces mêmes adultes, aussi rapides et attentionnés soient-ils, seront tenus pour responsables des souffrances quand elles reviendront. Le bébé souhaitera alors attaquer, mordre, détruire ces familiers, comme l'a analysé Melanie Klein. Comme son imagination est toute-puissante, le bébé croit que sa mère est atteinte par ses désirs destructeurs et qu'elle va se venger ! Le nourrisson prête ainsi à ses familiers une force hostile et craint les représailles d'une mère souveraine. Si les besoins sont normalement satisfaits, si la mère est « suffisamment bonne », au sens établi par Donald W. Winnicott, le bébé fait l'expérience que l'adulte ne lui en veut pas pour son hostilité et que ni lui ni l'adulte ne seront détruits. Il acquiert ainsi une confiance en lui et en autrui et la pulsion de vie pourra prédominer. Sa base de sécurité sera « sécure », comme disent les psychologues. En revanche, si ses peurs imaginaires sont confirmées par de trop fortes privations (retards, par exemple) ou par des expériences difficiles (hospitalisations, séparations), le monde devient inquiétant et menaçant : le bébé est « insécure », il a peur de tout et se défend de tout, et ce sentiment d'insécurité l'angoisse, le pousse à manifester de l'agressivité et entrave son bon développement.

De la marche au langage, la nécessaire confrontation à la loi

« C'est en un jeu de miroir que la mère se reconnaît dans son enfant et que l'enfant se révèle à la fois à sa mère et à lui-même. Ils se mirent l'un dans l'autre puis, en établissant une distance, ils arrivent à se distinguer », a dit en substance Julian de Ajuriaguerra.

La conquête de l'autonomie

Même quand la sécurité de base de l'enfant est bonne et solide, il lui a fallu un certain temps pour s'établir. Le bébé a fait l'expérience de la frustration, il a peut-être été sevré rapidement, il a attendu son biberon, il a souffert de coliques ou de maux de dents, bref, il connaît la souffrance et la frustration dans une limite raisonnable si on a construit avec lui et préservé cette sécurité. Sur ce socle, lentement, la distance va se créer, l'autonomie s'installer. On entend parfois que c'est à un jeune âge qu'il vaut mieux confier le bébé à une assistante maternelle ou à la crèche, « comme ça il réagit moins ». S'imagine-t-on le leurrer ? Il est remarquable que souvent, après une semaine de la période dite « d'adaptation », le bébé tombe malade (gastro-entérite, rhinopharyngite) et s'évade ainsi de la crèche : beaucoup d'auteurs affirment la valeur réactionnelle et psychosomatique des ennuis de santé du nourrisson.

La peur de l'étranger, vers 7 ou 8 mois, a été généralement décrite comme une étape presque obligée dans le développement. Cette affirmation semble un peu schématique et la généralisation abusive. Il est certain que familiers et étrangers sont, à cet âge, différenciés, ce qui prouve que les familiers sont « intériorisés ». On a montré que c'est l'apparition rapide et surprenante d'un corps d'adulte, donc l'intrusion, qui provoque la peur du bébé. En revanche, si on respecte « les travaux d'approche », le bébé n'aura pas forcément peur. Il a même de fortes chances d'être très intéressé. Nous sommes tous témoins de l'intérêt que se portent entre pairs les bébés et de celui qu'ils manifestent pour la personne humaine en général, avec une fixation remarquable du et sur le regard : « Il plonge ses yeux dans les miens. » Comme l'énonce le « jeu de miroir » placé ici en préambule, le rôle du regard est fondamental, mais il faut s'attendre aussi à ce que les choses ne se passent pas toujours exactement de la même façon. En effet, selon les systèmes familiaux, les bébés ont déjà vécu une histoire sociale singulière, qui explique en partie les différences individuelles : certains systèmes sont très ouverts, d'autres très fermés sur eux-mêmes. Il n'y a donc pas d'âge idéal pour confier un bébé. L'important est dans la façon de le réaliser, en prenant le temps de faire connaissance et d'établir une relation de confiance.

L'âge de la marche

L'acquisition de la marche est une étape capitale dans le développement de l'enfant. C'est une conquête et nombre de bébés dits râleurs ou capricieux cessent de l'être en devenant capables de se déplacer en position verticale. Les bras sont libérés, le regard s'oriente dans une nouvelle perspective : s'ouvre un avenir de découvertes et d'expériences actives.

Cette acquisition conforte d'abord la construction de la maîtrise du corps. Entre le moment où « il se lâche » et celui où il enchaînera les degrés de l'escalier, passent environ deux années pendant lesquelles il exerce son propre équilibre et en ressent une énergie et une joie nouvelles. La marche permet ensuite au jeune enfant d'acquérir l'expérience et la connaissance du monde physique. Il découvre les propriétés des objets, ceux qui se laissent faire, ceux qui résistent, ceux qui cassent, ceux qui sont doux, chauds, piquants, mouillés, etc. Par voie de conséquence, les adultes tutélaires doivent protéger l'enfant des dangers qui accompagnent ces nouvelles expériences : ils imposent des limitations à la volonté conquérante de l'enfant, qui n'a pas encore la notion du risque.

Les interdits se multiplient, provoquent colères et affrontements et, comme au stade précédent, les frustrations vont engendrer de l'agressivité, une agressivité qui peut effrayer l'enfant lui-même, puisqu'il va craindre que l'adulte ne devine son hostilité et n'en vienne à se venger. Cette réaction est caractéristique de la pensée magique enfantine. Ainsi le sentiment de peur se précise et s'illustre dans les cauchemars ou les difficultés de sommeil. La peur n'est pas une émotion négative en elle-même : elle met en garde contre les dangers et apprend la prudence, quand elle n'est pas démesurée. Si l'angoisse de l'adulte est exagérée, amplifiée à tout propos (« tu vas tomber »), elle devient nuisible à l'enfant et le rend craintif. Pour lui, le monde se met à pulluler de périls et il vaut mieux rester dans son coin.

Il est donc nécessaire d'aider l'enfant à éviter les dangers tout en lui enseignant qu'on s'en prémunit et les évite dans la mesure du possible. Il est normal qu'à cette étape du développement, la peur se porte sur certains bruits, animaux, situations, la nuit par exemple. C'est une illustration d'un mécanisme de défense, celui du déplacement. Il est opportun d'apprendre alors à l'enfant qui a peur la puissance et la variété du monde de l'imagination, par la médiation des jeux, très utiles, comme celui du « faire semblant » : « Tu serais un monstre et moi le bébé... »

Rôle structurant des limites

Si l'enfant qui a peur doit être rassuré, ce n'est pas pour autant qu'on doit lui laisser tout faire. Les limites sont indispensables à l'humanisation du petit d'homme. L'enfant qu'on laisse devenir tyran, pour « ne pas lui faire de peine », « parce qu'on ne s'est pas vus de la journée », va pousser au paroxysme puisque, précisément, il cherche de plus en plus ces limites. Or, même si elles frustrent, les limites structurent, sécurisent et rassurent. Elles posent des barrières qui protègent, sur lesquelles on peut s'appuyer, et on ne s'appuie pas sur une barrière molle.

Cet apprentissage de la frustration est une expérience fondamentale dans l'éducation de l'enfant. C'est ce qui lui permettra d'acquérir la patience d'attendre, de résister à la satisfaction immédiate et impérieuse de ses envies, de maîtriser petit à petit ses pulsions et de construire progressivement son sens du respect de l'autre ainsi que de l'estime de soi. Fondamentalement, il y va de la transmission à l'enfant des deux lois humaines concernant les pulsions essentielles que sont la destructivité et la sexualité. Ces lois posent la prohibition des désirs interdits, « Tu ne tueras point » et « Tu ne commettras pas l'inceste ». C'est en ce sens que nous parlons d'« humanisation » du petit d'homme. La transgression de ces deux lois peut entraîner la folie et/ou la mort. En revanche, cette intériorisation de l'interdit va autoriser la réalisation de plaisirs qui ne seront ni assassins ni incestueux. Elle va libérer le sujet de la culpabilité inhérente à la nécessité de s'opposer pour se différencier et s'autonomiser.

Nous faisons la distinction entre les interdits non négociables et ceux qui le sont parce qu'ils ne mettent pas en danger la vie de l'enfant ou d'autrui. Le jeune enfant teste le degré de permissivité de l'adulte. Cela peut donner lieu à des affrontements, en général beaucoup plus fréquents en famille que dans les lieux d'accueil. – Lucie, 2 ans, a été « sage » toute la journée chez son assistante maternelle. Dès que sa mère arrive, le soir, elle se met à grimper sur le canapé, toucher les boutons du téléviseur, etc., bêtises qu'elle ne se permet pas dans la journée. Cette scène courante se produit aussi en crèche et témoigne de la variabilité et de la subtilité des comportements enfantins. Lucie met peut-être les adultes en difficulté en testant leurs limites et leurs degrés de tolérance probablement différents.

Mais les limites, si elles doivent être fixées avec fermeté par l'adulte, ne doivent pas l'être de façon agressive. C'est là la grande difficulté de cet âge. Il peut s'installer un style de communication très conflictuel. Certaines familles utilisent beaucoup les cris et imprécations au lieu de parler. L'enfant peut s'enliser dans un cercle vicieux de provocations à répétition dont l'adulte doit décoder la signification ; ce n'est souvent qu'un appel, une façon d'attirer l'attention. Si l'adulte répond dans une surenchère d'agressivité, il n'y a pas de raison que la violence s'arrête.

D'ailleurs l'adulte ne doit pas tout réprimer. Il faut être parfois indulgent et comprendre qu'il existe un plaisir de la transgression – plaisir qu'on se permet souvent soi-même ! – et accepter les manifestations d'hostilité de l'enfant qui s'expriment dans les jeux, à partir du moment où cela ne fait de mal à personne. Il faut insister sur le caractère indispensable du jeu, quand on sait que l'enfant qui s'ennuie devient plus facilement agressif. – Après le repas, Adrien, 15 mois, déambule dans la salle de crèche en attendant de passer à la salle de bains. Les jouets ont été rangés, en vue du ménage. Adrien saisit un doudou à sa portée et le jette au visage d'un autre enfant qui se met à pleurer. Adrien n'avait pas de jouet à sa disposition et ses adultes de référence étaient occupés à d'autres tâches. Voulait-il entrer en contact avec l'autre enfant et initier un échange ?

Voulait-il faire réagir un adulte ? Seule l'observation de la scène dans son déroulement intégral permettrait de répondre à ces questions.

L'apprentissage de la propreté

Il est souvent exigé à cette époque où l'enfant s'oppose, en imitant son parent qui dit « non ». Il va dire « non » lui-même et tester sa capacité à s'opposer à ce parent. Au moment, souvent décrété par la famille, de l'acquisition de la propreté, l'enfant ressent l'anxiété parentale à ce sujet. Les selles sont un objet d'angoisse : attendues et sitôt jetées ! Font-elles plaisir ou sont-elles sales et dangereuses ? Si les selles sont dangereuses, elles peuvent aussi bien servir d'armes offensives contre l'adulte et parfois l'enfant en souille son lit. De la même façon, taper, mordre, griffer, déchirer vont être utilisés comme armes agressives, offensives ou défensives selon le point de vue. Encore une fois, parce qu'il redoute de perdre l'amour de l'adulte, l'enfant peut diriger son agressivité sur des objets, des animaux ou d'autres personnes. En retour, dans la pensée de l'enfant, ces objets, animaux ou personnes voudront se venger et généreront donc de la peur, comme nous l'avons vu. Ces terreurs enfantines seront d'autant plus nombreuses et gênantes que les exigences et les interdictions auront été nombreuses et agressives.

Pour illustrer les menaces ou les agressions souvent subies par les enfants lors de cette étape de leur développement, prenons l'histoire de Kevin. En janvier, Amina, la mère de Kevin, demande un rendez-vous à la psychologue de la crèche. Kevin a 3 ans et demi, il a quitté la crèche en septembre pour aller à l'école maternelle ; il revient à la crèche pendant les vacances scolaires dans le cadre d'un accueil dit « périscolaire ». C'est à cette occasion que la mère de Kevin fait appel à la psychologue. Amina raconte qu'en septembre Kevin a sali sa culotte à l'école, qu'il a été grondé et même bousculé. Depuis, quand il fait ses selles à la maison, il éprouve de grandes craintes. Amina dit qu'à chaque fois que cela arrive, elle gronde Kevin et quand elle est absente, les deux grandes sœurs de Kevin le grondent aussi. Le père de Kevin fait de même quand il accueille l'enfant lors des moments où il en a la charge, suite à son divorce d'avec Amina. Celle-ci expose les difficultés de Kevin : il se réveille souvent et finit la nuit dans le lit de sa mère ; il rechigne à aller à l'école.

La pychologue suggère que toutes ces gronderies ne rassurent peut-être pas Kevin. Amina acquiesce, d'autant, précise-t-elle, qu'à chaque fois elle accompagne ses reproches de la menace : « Si tu continues, on va te couper le zizi. » Dans la foulée, elle ajoute que le temps est venu de faire circoncire son fils, puis se dit que ce n'est peut-être pas le bon moment pour cette opération ; ce que la psychologue, discrètement, approuve, en mettant en relation la menace de « couper le zizi » et l'intervention qui est probablement une source d'angoisse pour ce petit garçon. « Pour les petites filles aussi, dit Amina.

— C'est-à-dire ? demande la psychologue.

— Eh bien, répond-elle, moi aussi on m'a coupée.

— ?

— Oui, en Afrique, à Djibouti.

— L'excision ?

— C'est ça. »

Amina raconte alors son histoire de petite fille, son mariage, la naissance de ses filles qui ne subiront pas la même épreuve, celle de Kevin, son divorce, et la chirurgie reconstructrice qui a refait d'elle « une vraie femme ». Elle parle de l'éloignement de sa famille et de son désir de continuer sa vie en France, dans la même ville que le père de Kevin « pour que l'enfant puisse garder contact avec lui ». La psychologue enchaîne sur l'importance de ce lien paternel, insiste sur la nécessité de faire confiance à Kevin, qui est capable de grandir sans « être coupé » ; la seule vraie coupure viendra naturellement quand il se séparera de sa mère. Amina quitte le bureau en disant que « ça fait du bien de parler » et la psychologue l'encourage à revenir quand elle en sentira le besoin.

Le poids de l'héritage de Kevin est exceptionnellement lourd et ses terreurs, facilement compréhensibles. De manière générale, l'adulte doit fixer sans agressivité les contraintes indispensables, accepter l'agressivité présente dans toute relation d'amour, aider l'enfant à apprivoiser ou relativiser cette agressivité, et le rassurer en lui faisant comprendre qu'il n'est pas le seul à avoir des désirs de destruction envers ses parents, ses frères ou ses sœurs. Danielle Dalloz dit : « L'agressivité des enfants les uns envers les autres est non seulement inévitable mais nécessaire avant l'âge de la parole. » Le plus souvent, jouer à la bagarre finit bien, dans le rire et le plaisir du défoulement par le contact des corps ; si le jeune enfant se sent perdu dans un groupe, il peut ressentir un sentiment d'abandon et de désespérance et paniquer. Laisser l'agressivité s'exprimer par les paroles et les jeux ainsi qu'au travers des pratiques culturelles que sont les sports, les dessins ou les livres, aidera l'enfant à sublimer, c'est-à-dire à transformer cette énergie en créativité. L'agressivité aide ainsi à la construction de soi sur la voie de l'autonomie.

Quels que soient ses comportements, il n'y a jamais d'intention de nuire chez l'enfant de moins de 3 ans : il est « innocent », au sens étymologique du terme. En aucun cas il n'est « méchant », parce qu'il n'a pas encore la capacité de discerner le bien du mal et n'est pas vraiment conscient des limites entre lui et autrui. Au contraire, il a envie de connaître l'autre. Certains gestes sont des explorations du corps de l'autre, comme de n'importe quel objet à découvrir. – C'est le cas de Zoé, 15 mois, assise à la table du goûter qui se termine. Elle observe les autres enfants assis. Son voisin, Valentin, a la bouche grande ouverte. Zoé pointe son index et l'introduit dans la bouche de Valentin. Celui-ci ferme sa bouche, Zoé retire son doigt en pleurant. Cet autre qu'elle explorait a réagi à l'intrusion du doigt de Zoé. Parfois, l'autre est sur le trajet, en travers en quelque sorte, et il y a alors un simple « accident » de circulation, un télescopage.

À d'autres moments encore, quand les actes agressifs sont répétitifs, ils expriment de façon purement pulsionnelle un malaise intime pour lequel l'enfant demande de l'aide. Prenons le cas de Solange : elle a 2 ans, nous la connaissons depuis ses premiers mois. Elle est dans le service des « grands » et pousse souvent ses copains, les fait tomber et contrarie tout le monde. Les auxiliaires demandent au psychologue : « Dites-nous ce qu'il faut faire, on a tout essayé..., la famille de Solange ne met aucune limite, ils lui laissent tout faire. » Le psychologue organise un « atelier d'observation », pratique inspirée de la méthode d'Esther Bick et initiée à Nice par une de ses collègues, Colette Vercelletti. On fixe un planning de courtes séances d'observation, d'une dizaine de minutes, avec prise de notes. Pendant deux semaines, nous collectons ainsi sept « photos » de Solange, aux moments-clés de sa journée : l'arrivée, les jeux d'intérieur, le repas, la salle de bains, la sieste, les jeux extérieurs et les retrouvailles avec le ou les parents le soir. Sept observateurs sont à l'œuvre : les deux auxiliaires du service de Solange, deux ou trois autres extérieurs au service, le psychologue, l'éducatrice de jeunes enfants ou la puéricultrice. Ces observations et leurs commentaires sont recueillis lors d'une réunion finale, animée par le psychologue. Son travail avec les observateurs arrive toujours à des conclusions intéressantes. Dans le cas de Solange, est apparue l'utilité de porter attention à l'enfant lors de situations diverses et pas seulement aux moments de ses « crises ». Cet échantillonnage varié a permis de mieux connaître l'enfant par les regards « croisés » portés sur elle. Il a révélé de nombreux comportements positifs et constructifs, en plus du comportement répétitif de « pousser ». D'autre part, la démarche de l'atelier a conforté le soutien collectif aux auxiliaires en difficulté et, par voie de conséquence, à Solange. C'est une pratique, ou un outil, qui décloisonne les services et permet de désamorcer d'éventuelles comparaisons entre eux. Un vrai changement s'est opéré dans le regard, l'attitude et l'attention portés à Solange et le bénéfice a été immédiat pour elle. Solange est maintenant plus apaisée et n'a plus besoin de faire tomber les autres pour attirer l'attention sur elle. Malgré l'absence supposée de limites dans sa famille, la crèche a fourni à l'enfant l'attention contenante dont elle avait besoin et, tout en portant un regard positif sur ses actions, elle lui a posé des limites. La famille, informée, a aussitôt été moins tendue dans ses rapports avec les auxiliaires et cette détente a été bénéfique à Solange.

Le jeune enfant n'est pas violent par nature. Rappelons que Donald W. Winnicott ne situe *pas avant 5 ans* la conscience morale. Ce n'est pas une raison, bien sûr, pour laisser tout faire ! L'adulte a la responsabilité de l'initier à la loi, en formulant et en faisant respecter les premiers interdits, entre la marche et le langage.

L'acquisition du langage

Il n'y a pas d'âge précis pour cette acquisition. C'est vers les 3 ans, et bien souvent avant, que l'enfant franchit cette étape capitale. Il lui faut avoir acquis une certaine distance avec les figures d'attachement pour accéder au langage parlé. Ce qui implique que tant qu'il est en symbiose, quand le lien avec la mère ou l'adulte tutélaire est trop fusionnel, l'enfant ne parle pas ou peu ou tardivement, ou dans un jargon très personnel.

Outil de communication par excellence, le langage, dans sa fonction sociale, permet d'informer et d'échanger avec autrui. Outil d'expression de l'affection, il permet de garder un lien d'attachement à distance — qui persiste, de manière caricaturale chez l'adulte, dans l'usage compulsif du téléphone portable. Outil d'expression de l'émotion, il se substitue à l'acte physique : on peut s'aimer sans se toucher et se caresser par la voix et par des paroles « enveloppantes » ou « soutenantes » ; on peut exprimer l'agressivité à voix haute par l'insulte, ce qui l'empêche de tourner au conflit – voir l'aventure d'Astérix, *Le combat des chefs* – ou de croupir dans l'inconscient en nuisant à la personne.

Outil de l'intellect, le langage permet de questionner, de raisonner, de comprendre, bref de penser. On l'utilise pour jouer avec les mots et les idées, prendre du recul, mettre en œuvre l'humour, enrichir les rêves, l'imaginaire, et laisser ainsi libre cours à la créativité. – Aline, par exemple, met des paroles nouvelles sur une chanson connue ; elle « détourne » en quelque sorte un succès de la crèche et de façon malicieuse y ajoute du non-sens, en puisant dans une sorte de surréalisme de son invention. Serge Tisseron a établi une corrélation directe entre la capacité de faire semblant et celle de supporter la frustration, en soulignant l'importance des jeux de « pour de vrai » et « pour de faux », distinction qui a tendance à disparaître chez les jeunes avec la télévision et les jeux vidéo, vu le nombre d'heures qu'ils passent devant l'écran.

Quand ça mord à la crèche

La bouche, premier outil de découverte

Dès sa venue au monde, le bébé tète et suce, par réflexe vital. Il se nourrit, incorpore ce qui est bon et refuse ou rejette ce qu'il trouve mauvais (l'amer et l'acide). On peut dire qu'il mange ce qu'il aime (amour) et recrache ce qu'il n'aime pas (haine). S'établit ainsi, dès les premiers jours, une liaison physique et symbolique entre l'amour et la nourriture, et bien des problèmes d'alimentation qui surgiront peut-être plus tard auront leur origine dans cette liaison. Il semble que, dans l'alliance des contraires, le nourrisson commence à ressentir les sentiments d'amour et de haine.

Mais, très vite, dépassant son unique fonction alimentaire, la bouche devient l'outil de découverte, de connaissance et de plaisir, et crée une première relation avec le monde. Les personnes ou objets accessibles sont détectés, explorés, goûtés, sucés ou mordillés. Certains sont appréciés, d'autres rejetés. Belle illustration de l'ambivalence des sentiments : « Je t'aime, je te mangerai », « je ne t'aime pas, je te boufferai » au sens de « je te détruirai » (voir encore les « tu me gaves », « tu me saoules », etc.) ; ces façons de parler reflètent la liaison entre pulsion de vie et pulsion de mort, entre amour et agressivité dont nous avons déjà parlé.

Les dents

À quelques mois, les dents pointent et le bébé qui était « à croquer » devient lui-même croqueur ! Notre langue fourmille d'expressions « qui ont du mordant » et que relève Simone Scoatarin dans son livre, *C'est pour mieux te manger, mon enfant !* où l'on se rend compte que les dents ne servent pas seulement à manger et à articuler :

« Avoir la dent, déchirer à belles dents, être sur les dents, serrer les dents, ne pas desserrer les dents, grincer des dents ;

— avoir la dent dure, avoir une dent contre quelqu'un, avoir les dents longues, avoir une curiosité dévorante, prendre le mors aux dents, avoir du mordant, montrer les dents, sourire de toutes ses dents, œil pour œil, dent pour dent, se casser les dents sur ;

– mordre la poussière, se mordre la langue, mordre à l'appât, être mordu pour quelque chose ou quelqu'un, croquer la pomme, mordre au fruit défendu ;

– soutenir mordicus, se défendre bec et ongles, être dévoré de rage, se ronger les sangs, ronger son frein, s'en mordre les doigts, se ronger les ongles. »

Le langage utilise donc les dents pour traduire une impressionnante variété de sentiments et d'attitudes : amour, haine, menace, attaque, défense, ambition, déception, colère, autoagression, etc.

Mordre et manger

Mordre, c'est-à-dire faire usage de ses dents, nous renvoie à nos origines animales et carnassières. L'homme est un omnivore, plutôt carnivore : mangeur de chair, équipé de canines comme les félins, les chiens ou les loups, entre autres. Se servir des dents pour l'attaque ou la défense est qualifié de conduite animale, archaïque, primitive ou sauvage. L'homme a développé des armes tellement plus sophistiquées ! L'anthropophagie fait l'objet d'un tabou. Seuls certains humains, dans des conditions extrêmes ou pathologiques, y ont recours. De plus, le cannibale qui mange de la chair humaine crue est perçu comme plus féroce que celui qui cuit sa proie ! La cuisson serait humaine, aucun animal ne cuisant sa nourriture.

L'une des religions monothéistes évoque le rite de manger le corps et boire le sang. Il sublime l'autre interdit fondamental de l'espèce humaine, ne pas boire le sang d'autrui, sinon sa transgression relève du vampirisme. On rapproche parfois le bébé qui suce le sein, du vampire qui suce le sang : il n'est pas rare d'entendre des mères dire de leur bébé qu'il les « vampirise ». La valeur symbolique du sang comme synonyme de vie est énorme ; c'est pourquoi est ressentie de façon si dramatique la morsure « jusqu'au sang ». Pour illustrer ce drame, prenons les contes et les chansons enfantines : notre culture y privilégie les figures dévorantes, en particulier celle de l'ogre. On pense à *La légende de saint Nicolas*, au *Petit navire* (« Le sort tomba sur le plus jeune, c'est celui qui qui qui sera mangé, ohé ! ohé ! »), au *Petit Poucet* ou au *Petit Chaperon rouge* : comme l'ogre, le loup est une figure « dévorante » dans notre imaginaire, ce que confirment les expressions « avoir une faim de loup », « se jeter dans la gueule du loup », et l'antique et terrifiante locution « l'homme est un loup pour l'homme ». Et que dire de « croquer le marmot », ou « la dame, elle va pas te manger ! » ? L'adulte pourrait donc manger un enfant ! Même l'art s'y est mis, avec succès : tout le monde a vu ou entendu parler du film *Les dents de la mer* (de la mère ?).

Incorporer ce (ou ceux) qu'on aime, l'avoir en soi, l'avoir dans la peau (on n'est pas loin d'avoir sa peau) : l'amour et la haine sont intriqués et le révèle sans cesse le langage qui « n'est pas seulement fait pour recevoir ou donner, mais aussi pour aimer et dévorer » (Julian de Ajuriaguerra).

La morsure chez le jeune enfant

Parmi les contrariétés et autres événements désagréables et perturbants, la morsure est un acte que les professionnels « ont en travers de la gorge », parce que « c'est dur à avaler », « on n'arrive pas à le digérer », « ça ne passe pas » : autant d'expressions « digestives » qui réfèrent à l'oralité et à l'aliment.

La morsure apparaît généralement chez le jeune enfant entre l'acquisition de la marche et celle du langage, à « l'âge des Moyens » de la crèche. C'est l'âge de la motricité impérieuse, où tout est bon à découvrir et à explorer, c'est aussi celui de la découverte de l'autre comme objet intéressant, certes, mais bien souvent gênant. Enfin et par voie de conséquence, c'est le stade où le jeune enfant est confronté à l'interdiction de faire mal à autrui, que ce soit en famille, chez l'assistante maternelle ou en crèche.

Entre 2 et 3 ans, l'enfant est incapable de faire mal intentionnellement. La morsure ne résulte pas d'une quelconque agressivité consciente. Elle se produit souvent au cours de conflits à propos d'objets ou de situations. Le conflit permet de découvrir l'autre qui résiste. La conscience de soi et la conscience de l'autre, on l'a vu, se construisent en même temps et l'une grâce à l'autre. Cette construction, lente, occupe les trois premières années de la vie et s'opère dans l'imitation et le conflit.

L'imitation est à l'œuvre précocement, déjà chez le bébé, et elle constitue pour lui un outil fondamental. L'observation attentive des petits groupes de jeunes enfants permet de constater la richesse de leurs interactions: les actes agressifs ne sont pas leurs seuls échanges, tant s'en faut. Quand il y a conflit, celui-ci ne débouche pas forcément sur une agression. Il donne parfois lieu à de véritables négociations, dont l'observation est révélatrice. – Armand, au cours d'un moment de jeu à l'extérieur, agrippe le trotteur que chevauche Adam. Les expressions et les paroles des deux enfants laissent craindre la possibilité d'une agression. Armand se détourne, cherche un camion et le présente à Adam. Celui-ci reste sur le trotteur et s'éloigne. Armand s'occupe alors du camion, etc. – Cette séquence montre que l'affrontement n'était pas inévitable, que Armand a usé d'un véritable comportement de négociation et qu'il a supporté de ne pas obtenir le trotteur.

Le conflit peut ainsi avoir une valeur constructive et structurante. Mais s'il se passe mal et donne lieu à des décharges motrices, des pleurs, des retraits ou des appels à l'adulte, ce dernier se doit d'intervenir.

Ainsi, les décharges motrices sont à interdire quand elles génèrent des actes agressifs : taper avec la main ou avec un objet, tirer les cheveux, pincer, griffer, pousser, écraser et surtout mordre, en quelque sorte utiliser la griffe et la dent. Par ailleurs, la morsure n'est pas toujours chargée négativement, la bouche étant aussi un lieu d'intense plaisir. Ne mord-on pas la vie à belles dents ? La liaison amour-haine est décidément tenace.

Si la morsure a laissé une trace – c'est aussi le cas de la griffure, mais elle est moins fréquente –, on veut « l'effacer » avec crème et glaçon, on tente de la faire disparaître pour que cela n'ait pas eu lieu. Alors que la douleur de l'enfant mordu est de plus courte durée que celle de la trace, cette dernière nous renvoie à notre fragilité, à la crainte de l'accident, la crainte de perdre la vie, à notre impuissance à contrôler tout ce qui arrive à notre enfant ou aux enfants dont nous avons la responsabilité. Elle nous oblige à accepter que l'enfant souffre en grandissant, qu'il « s'abîme », que son corps ne soit plus « intact ».

Les comportements agressifs ne sont pas un phénomène récent, issu des banlieues ou de la crèche ; on les retrouve aussi bien chez les assistantes maternelles. Ils ont toujours existé, depuis le début de l'humanité, entre homme et femme, parents et enfants, frères et sœurs, maître et esclave. Chaque être humain est porteur d'une agressivité plus ou moins contrôlée, plus ou moins refoulée ou niée, plus ou moins sublimée, et souvent canalisée et orientée positivement en dynamisme ou combativité.

À la crèche, Fernand, absorbé par son puzzle, saisit un morceau qu'il tient comme un pistolet ; il rit et fait en courant le tour de la pièce, en disant : « Pan, pan, pan ! » « Fernand, c'est pas un pistolet, on fait pas ça », lui reproche l'auxiliaire. Le psychologue fait remarquer *mezza voce* à celle-ci : « Il ne fait de mal à personne… » Cette petite scène, exemplaire, nous conduit à poser la question : les garçons sont-ils plus agressifs que les filles ? On sait que la testostérone concourt à l'expression de l'agressivité et que son déficit fait baisser cette sorte de comportements. Mais on connaît aussi l'importance de l'éducation : nous avons vu que notre société a tendance à différencier radicalement cet « élevage » selon le sexe. On incite les petits garçons aux jeux « de garçons », dont les armes font partie, et on dissuade les petites filles de s'en mêler, sauf à être « garçons manqués ». Les petites filles sont encouragées à développer précocement des comportements de sollicitude et d'aide. Dans sa communication, « La distinction de sexe » au colloque *Féminin-masculin : Bébé(e)* (Avignon, 2008[1]), Irène Théry a parlé du « conditionnement culturel » des enfants. Dans *Quoi de neuf chez les filles ? Entre stéréotypes et libertés*, les sociologues Christian Baudelot et Roger Establet ont dénoncé ce

1. À paraître, Toulouse, érès.

stéréotype et recommandé de « ne pas persuader dès le plus jeune âge les enfants que les filles sont des êtres faibles et les garçons des êtres forts ».

La plupart du temps, cependant, c'est dans un certain nombre de situations qu'il faut chercher la cause de l'émergence de comportements agressifs. Nous avons déjà mentionné le confinement dans l'espace vital, le surnombre qui perturbe les distances de sécurité, la perte des repères, l'ennui, le désœuvrement, etc. La plus importante est la frustration provoquée par l'interdit, qui engendre une souffrance, intense. Par exemple, si on le prive de son jouet, l'enfant, qui n'a pas encore intégré la notion de « prêter » et « rendre », est surpris, bousculé, la peur s'empare de lui et sa réaction peut être agressive.

Plus sournoisement, l'excitation, même affectueuse, peut conduire à des comportements agressifs. Il y a des familles très « physiques » où l'on se bisouille, papouille, mordille, aux limites entre l'amour et l'agression : « Tu es à croquer, je vais te manger. » Cet « amour-chahut » entraîne parfois un paroxysme où l'enfant, submergé, perd son contrôle. Il en est de même dans ces simulations de bagarres où, brusquement, l'adulte juge que la limite du supportable est dépassée et fait tomber la sanction ; ce changement brutal et incohérent de registre est incompréhensible pour le jeune enfant, mais il peut cependant en redemander.

Quand la morsure est un signal inquiétant

L'agressivité directe ou indirecte de l'adulte, par des violences discrètes et insidieuses, déclenche par réaction l'agressivité de l'enfant. Il peut alors la retourner contre l'autre ou contre lui-même et cela est particulièrement vrai dans les collectivités.

Quand l'agression devient le seul mode de communication de l'enfant, elle fonctionne comme un signal d'alarme. Si ce comportement est répétitif, c'est que l'enfant n'a trouvé que ce moyen pour attirer l'attention sur lui, même si cela entraîne des échanges violents avec les adultes. – Loïc a 20 mois. Il est agile et débordant d'énergie. Il est à la crèche depuis deux mois, dans le groupe «des Moyens». Certains enfants marchent tout juste, aucun n'a encore acquis le langage verbal. Tous jouent, vont et viennent et se rencontrent, parfois se heurtent. Loïc a la stature d'un enfant de 3 ans, mais n'en a pas encore les compétences. Il bouscule souvent un enfant sur son chemin, qui tombe et pleure. Loïc se fait gronder. Il recommence et pousse, volontairement semble-t-il, un autre enfant, qui pleure. Ce «jeu» se reproduit de nombreuses fois. L'auxiliaire, exaspérée, crie à chaque fois le prénom de Loïc. Celui-ci la regarde de manière interrogative et parfois avec un sourire. «Il me nargue», dit-elle. Devant la répétition de ces épisodes, il est décidé d'accueillir Loïc chez les «Grands»; dès son arrivée, le «jeu» de Loïc continue : il fait tomber, il va même plaquer au sol certains enfants en souriant. Nous avons l'idée qu'il cherche le contact avec ses pairs, mais ne dispose pas « d'outil » encore assez élaboré. Il se sert du corps à corps, à la recherche de l'autre. L'auxiliaire « lui crie dessus » *crescendo* et le force à rester assis sans bouger en lui disant qu'il est puni. Loïc nous paraît ne pas comprendre cette punition, être en échec de sa recherche de contact ou alors chercher à inciter autrui à une sorte de jeu de rugby sans règles. Il est entré dans la « relation privilégiée négative », dont parle Denis Mellier. Dans son nouveau contexte (service des Grands), sa motricité débordante lui « sert » à attirer l'attention sur lui. Anne-Marie Fontaine dit que ces enfants sont bloqués dans ce genre d'interactions. Ces échanges, même violents, valent mieux dans l'esprit de l'enfant que l'absence de contact. Il faut savoir aussi que l'enfant, garçon ou fille, qui agresse sans arrêt est un enfant qui a peur : il a peur de sa propre agressivité et il a peur d'être agressé lui-même en retour. Comme il ne maîtrise pas encore le langage, il a du mal à symboliser et se sent en grande insécurité. Même s'il nous regarde et nous sourit, cet enfant est dans la détresse et il ne faut pas faire de la surenchère avec lui, ne pas imaginer qu'il nous provoque. En outre, certains enfants retournent contre eux-mêmes la pulsion agressive, ils se mordent la main ou se tapent la tête, par exemple. L'autoagression est un appel à l'aide encore plus pressant.

Que faire en cas de morsure? Mettre des mots sur les actes, reprendre par la parole le contenu de l'action et de sa conséquence, sans violence mais avec fermeté, sur un ton d'apaisement. L'adulte ne doit pas se laisser contaminer par l'émotion violente, bien qu'elle soit très contagieuse, si l'on peut se permettre cette analogie. Il peut en effet être exaspéré par la répétition de certains actes agressifs. Néanmoins, c'est à lui, le professionnel, de garder son calme quand il verbalise les limites et rappelle la loi. Et, s'il ne peut le faire, il doit passer le relais.

En lui ménageant des moments de jeu et de créativité, on propose à l'enfant des occasions d'échanges très positifs. L'adulte doit laisser la pulsion agressive s'extérioriser par l'activité ludique, même si l'une ou l'autre des phases du jeu ne nous semble pas constructive: faire tomber la tour de cubes fait partie du jeu et est aussi utile que la construire! C'est évidemment quand l'enfant accède au langage que les actes agressifs, en général, diminuent. Ils peuvent se transformer en injures ou « gros mots », mais ceux-ci ne laissent de traces que psychiques. C'est une autre histoire...

La prévention des échanges agressifs en crèche

Au cours de réunions régulières, nous travaillons sur les pratiques professionnelles. La première d'entre elles est l'examen des moments délicats de la journée qui permet de les aménager au mieux pour diminuer les rencontres malheureuses et autres bousculades. On vérifie qu'il y ait un nombre suffisant de jouets identiques, on rappelle qu'il faut être particulièrement vigilant au passage d'une activité à une autre. On sait aussi qu'il faut avoir un regard « contenant » pour que l'enfant ne se sente pas seul et « perdu » au milieu des autres, ce qui implique qu'il y ait un nombre suffisant d'adultes « attentionnés », au sens romantique du mot, comme dit Patrick Ben Soussan ! On sait enfin que les enfants ont besoin d'un accompagnement dans les activités proposées et qu'ils sont capables de collaborer entre eux, comme l'ont très bien montré les analyses des chercheurs du CRESAS (Sylvie Rayna, 1993).

Lors d'un conflit, l'adulte de la crèche sépare les protagonistes en faisant cesser l'action. Puis il console, soigne, calme l'agressé et rappelle la loi à l'agresseur : « Non, il est interdit de faire mal à l'autre ainsi qu'à soi-même. » Le langage corporel est prohibé : il est interdit à l'adulte de frapper ou de fesser, même si les parents le préconisent. Bien évidemment, mordre en retour est totalement proscrit, bien que certains proches le conseillent ! Le message passe par la parole ferme mais non violente. On dira à l'auteur de l'acte qu'il a droit à ses émotions, sa colère ou sa tristesse ; ce qui lui est interdit, c'est de les exprimer de cette façon. On dira aux adultes qu'ils ne doivent pas se laisser entraîner à réagir à la violence par la violence, sous des formes plus ou moins détournées. Parler est toujours mieux que taper, et parler n'est jamais hurler !

Les rencontres avec les parents

Les entretiens et les réunions avec les parents sont des moments de dialogue indispensables. Ils doivent prendre conscience que le psychologue travaille à la crèche pour leur enfant, sa famille et ses accueillants. La crèche est là pour protéger les enfants, tous les enfants. Le personnel est tenu au secret professionnel : on n'a pas le droit de dire quel enfant a fait ceci ou cela dans la journée, car le parent voudrait peut-être faire justice lui-même. La crèche gère les conflits à la crèche, les parents ne sont pas responsables de la vie de la crèche. Il est absurde de gronder un enfant le soir pour un événement de la journée qu'il a probablement oublié et qui a déjà été réglé à la crèche. La compétence du parent est déjà suffisamment sollicitée lors des soirées, nuits, matins, fins de semaines et vacances et le parent ne peut se substituer à la responsabilité de la crèche. Mais le message des parents devrait concorder avec celui de la crèche et celui de la société civilisée dans son ensemble : « Ne pas faire de mal ni à autrui ni à soi-même. » Et même si

« les mémés aiment la castagne », comme le chante C. Nougaro !

Le doute est naturel et il inspire parfois une forme de suspicion à propos de la surveillance. « Comment s'occupe-t-on de mon enfant quand je ne suis pas là ? » En cas de trouble, « quelqu'un doit être responsable ». C'est ainsi que s'exprime la crainte de tout parent confiant son enfant à une tierce personne. Seule la confiance permet de surmonter cette angoisse, et elle ne s'établit pas en un jour. C'est pourquoi la procédure de l'accueil progressif (« l'adaptation ») a été mise en application dans les lieux d'accueil. Mais il faut aussi se plier au principe de réalité qui nous rappelle que le risque zéro n'existe pas.

Aussi compétents et attentionnés soient-ils, les parents et les professionnels de l'accueil ne peuvent pas toujours éviter des agressions qui vont parfois très vite, qu'elles soient cachées de l'adulte ou qu'elles se fassent dans ses jambes mêmes. – Dans la cour de la crèche, l'auxiliaire parle avec le psychologue de Nathan, 26 mois, qui lui donne du souci par ses morsures répétées. Tout d'un coup, Justine, Nathan, Noé et Tom foncent joyeusement dans les jambes des deux adultes. Dans la bousculade, Noé a été mordu et se met à pleurer : « C'est toi, Nathan, qui as encore mordu ? », dit l'auxiliaire, alors que ni elle ni le psychologue n'ont pu observer le déroulement de la scène. – À soupçonner toujours Nathan, peut-être pas à tort mais peu importe, on lui colle une étiquette ; or il faut éviter d'étiqueter tel ou tel enfant, car cela le fixera dans un mode d'échange unique et négatif.

C'est pourquoi nous dirons, pour en terminer avec la morsure, qu'il ne faut pas en faire tout un plat... Mais nous en ferons un sur la notion d'étiquetage.
– Sarah, 20 mois, bouscule et pousse souvent les autres enfants. Quand elles se rendent compte de ce qui se passe, les auxiliaires tentent régulièrement d'arrêter la bousculade en hélant Sarah par son prénom du fond de la pièce. Un jour, un enfant est poussé à terre et pleure. « Qui a poussé? » Trois ou quatre enfants répondent, unanimes, « Sarah! » Il se trouve que celle-ci est absente ce jour-là. Une telle scène m'a été souvent décrite. Dès 1968, Robert Rosenthal décrivait l'effet Pygmalion: les enfants intériorisent les définitions que les adultes leur attribuent et s'y conforment. Bernard Golse est plus radical encore: « On risque parfois de créer ce que l'on craint », et il ajoute qu'« aucun enfant ne peut vivre toute son enfance sous le regard pesant d'un entourage anxieux de le voir devenir délinquant ». Dans son article intitulé « Non, à 3 ans, tout n'est pas joué », Sylviane Giampino va plus loin enfin quand elle affirme: « L'enfant s'identifie plus fortement aux représentations négatives qu'aux projections positives. » Puisque la prévention est notre devoir, il faut combattre ce que Bernard Golse nomme « le désastre de la prédiction ».

La maltraitance

Éduquer n'est pas dresser

On dresse un animal, on éduque un humain. On dresse un animal en le récompensant pour ses bonnes réponses et en le punissant pour les mauvaises: ce mécanisme ressort du conditionnement pavlovien. Certes, l'être humain n'est pas insensible au procédé de la carotte et du bâton, mais il est, par la parole, doué d'un équipement spécifique, bien supérieur à celui de l'animal. Le langage va véritablement « humaniser l'élevage » du jeune enfant en lui donnant accès au domaine de l'imaginaire, au symbolique qui ouvre la voie de la créativité en activant « ce que l'humain a de plus précieux, à savoir sa capacité de penser » (Bernard Golse). L'éducation commence à la naissance, puisque le petit d'homme, dès sa venue au monde, est nourri d'interactions, qu'elles soient verbales ou non. Mais que d'abus a-t-on commis au nom de l'éducation ! Nous voulons parler des violences éducatives – parfois sournoises et accompagnées par la formule « c'est pour ton bien », que pointe Alice Miller – qui constituent la maltraitance.

Ce qui est considéré de nos jours comme pratiques violentes était la norme autrefois. *Poil de carotte* de Jules Renard en est une parfaite illustration. Il fallait dresser les enfants, utiliser la ceinture et le martinet ; on devait leur « briser le caractère ». Écoutons la chanson *La bonne aventure* :

« Lorsque les petits garcons
Sont gentils et sages,
On leur donne des bonbons,
De jolies images.
Mais quand ils se font gronder,
C'est le fouet qu'il faut donner.
La triste aventure
Oh ! gai !
La triste aventure ! »

On pratiquait aussi l'humiliation, l'intimidation et toute une palette de ce que nous appelons maintenant la maltraitance. Il existait des « maisons de redressement » pour les cas les plus rebelles. Il nous reste encore la « bonne fessée », mais personne ne se vante d'avoir donné une « mauvaise fessée » ! L'idée qu'« une bonne fessée n'a jamais fait de mal à personne » est encore très répandue. Et certains adultes renchérissent : « J'en ai reçu et je n'en suis pas mort. » Ben voyons !

Mais qui va juger si la fessée est « bonne » ou pas ? Quand la tape est-elle petite, donc inoffensive (inefficace ?) et quand est-elle maltraitante ? L'impossibilité de fixer un critère pour établir la différence entre l'admissible et l'inadmissible nous a conduits à prôner l'abstention totale : le recours à toute tape, fessée, secousse ou tout geste brutal envers un être plus faible (enfant, personne âgée ou handicapée) est interdit aux professionnels de l'accueil. L'article 19 de la convention relative aux droits de l'enfant, votée le 20 novembre 1989 par les Nations Unies, demande à tous les États de protéger l'enfant « contre toute forme de violence ». Cette convention précise bien que les États doivent prendre des mesures pour interdire non seulement la maltraitance passible des tribunaux, mais aussi les châtiments corporels les plus courants, fessées, gifles, tapes. L'usage du châtiment corporel est donc interdit à tout un chacun. De plus en plus de pays l'interdisent effectivement et le sanctionnent. Mais ce qui se passe dans l'intimité des foyers reste bien caché et se reflète dans ce dicton tragique : « Frapper un animal s'appelle cruauté. Frapper un adulte s'appelle agression. Frapper un enfant s'appelle éducation. »

Avec des intentions que l'on croit bonnes – « qui aime bien châtie bien » –, mais qui sont des violences éducatives, on pave l'enfer de l'enfant. « Pour son bien », dès le plus jeune âge, on lui interdit de mettre à la bouche les doigts ou les objets ; de pleurer ou de crier, parfois en obstruant la bouche du bébé avec une tétine ; de bouger, grimper, courir, obligeant l'enfant à une trop longue immobilité ; on retire vivement la sucette ou le doudou par décision de l'adulte (le doudou sera « emporté par le Père Noël », c'est cadeau !).

Ces interdits ou punitions relèvent plus du dressage que de la véritable éducation. Éduquer, c'est accompagner l'enfant dans ses découvertes, répondre à ses demandes et questions dans une relation de respect mutuel. Il s'agit de le protéger et de lui apprendre les dangers. Il s'agit aussi de lui apprendre les interdits fondamentaux concernant le respect. Éduquer, c'est respecter, traiter l'enfant comme on voudrait être traité soi-même, ce n'est pas « lui laisser tout faire » comme il m'est dit souvent, par une déduction abusive à partir de la notion de respect. En revanche, ce qu'on entend par « être bien élevé », c'est-à-dire respecter les règles de politesse, s'apprend tout doucement. Cet apprentissage est fondé sur les règles de civilité codifiées par la vie en société et nécessaires à son fonctionnement. Mais il n'a pas à être imposé compulsivement à l'enfant de moins de 3 ans, cette rigidité risquant de bloquer la fluidité dans l'échange de paroles entre le petit apprenti parleur et son interlocuteur.

L'émergence de la maltraitance

Elle peut advenir dans des contextes d'isolement, de détresse, dans des conditions socio-économiques difficiles, chômage, famille désunie, accidents, maladie, deuil, etc., aussi bien que dans des milieux dits favorisés, matériellement à l'abri, mais minés par des carences psychiques et des problèmes relationnels. Ainsi, elle peut survenir quand il y a un trop grand écart entre « l'enfant du rêve », celui qu'on a imaginé et sur lequel on a projeté tant d'ambition, et l'enfant réel : ce dernier est une fille au lieu du garçon attendu, par exemple, ou il est né prématuré, jumeau ou multiple, ou tout simplement il ressemble à un membre de la famille qui déplaît, quelques raisons parmi d'autres qui font de cet enfant-là une sorte de « bouc émissaire » du malheur familial. À l'inverse, l'enfant par trop favorisé, que l'on met dans une position de complice, et pire de parent, n'est pas non plus respecté. Dans les deux cas, c'est l'économie du système familial dans son entier qui est à considérer.

Beaucoup de violences s'enracinent inconsciemment dans la méconnaissance d'un autre modèle familial que celui qu'on a vécu dans l'enfance. L'identification au modèle parental s'opère, même si ce modèle a été agresseur. Les adultes victimes de maltraitance dans l'enfance disent souvent qu'ils n'avaient « pas idée qu'il puisse en être autrement», jusqu'à ce qu'ils découvrent un autre modèle familial par la médiation d'un oncle, d'un instituteur, d'un éducateur, d'un ou une amie, ou par la lecture, qui leur révèlent une autre manière de concevoir la vie et les relations entre les gens, les forts et les plus faibles.

Si la maltraitance est aussi répandue, c'est qu'on l'utilise par facilité: il est plus aisé d'opprimer et de réprimer, surtout par lassitude, que d'éduquer, car, comme le disait Michel Lemay, «être parent, c'est apprendre, chaque jour, à distinguer entre la fermeté et la violence». Cette distinction est difficile à faire pour le parent maltraitant qui a lui-même manqué d'amour et n'a pas bénéficié d'une base de sécurité solide: son lien (ou ses liens) d'attachement ayant été mal tissé, la figure de l'autre est inquiétante, il faut donc la juguler. Elle l'est davantage encore parce que, pour le petit enfant, le parent ne peut avoir tort et c'est lui, l'enfant, qui se sent coupable: «Je croyais que c'était moi qui étais mauvais, moi le coupable.» Si bien que l'on sait que le bébé battu aime ses parents, qu'il ne faut donc pas les déconsidérer à ses yeux pour pouvoir établir un lien respectueux – c'est aux instances judiciaires de juger, pas au soignant, ni à l'accueillant. De la sorte, selon l'opinion de Boris Cyrulnik, il est indispensable de ne pas programmer l'enfant battu vers un futur de parent battant.

En reconnaissant le bienfait d'une rencontre qui leur a permis de partager leur détresse, les anciennes victimes confirment l'importance de la parole. La parole peut restaurer le lien affectif sécurisant, quand on explique à l'enfant que ce ne sont pas les personnes qui sont « mauvaises », mais que ce sont les actes de maltraitance qui sont interdits. Les relations humaines, en particulier familiales, ne sont jamais définitivement figées. La vie s'inscrit dans le mouvement, le changement, l'évolution et ne génère pas nécessairement la répétition. « Toutes les victimes ne deviennent pas bourreaux, mais tous les bourreaux ont été victimes », dit Alice Miller. Et Boris Cyrulnik précise : « Tous les enfants maltraités ne deviennent pas parents maltraitants, 95 % ne reproduisent pas la maltraitance, seuls 5 % le font. »

La violence psychique

À la différence des violences physiques, on pourrait croire que les violences psychiques ne laissent pas de traces sur le corps de l'enfant. Elles n'en laissent pas d'immédiatement apparentes, mais un jour ou l'autre la maltraitance psychique marquera le corps de l'individu, en surface ou à l'intérieur. Le corps mémorise, consciemment ou non, les interactions vécues pendant les années de formation. Il porte notre façon d'aborder la vie et les autres et l'exprime dans nos postures et notre gestuelle : une démarche peu assurée, des épaules rentrées ou au contraire un buste déployé, des plis d'expression sur le visage, rieurs dans le meilleur des cas, et bien d'autres signes encore de notre « être au monde ». On connaît les manifestations psychosomatiques de certaines maladies ou dysfonctionnements. Par exemple, les retards de développement chez le jeune enfant peuvent être symptomatiques de maltraitance psychique. La prudence doit donc être de mise quand on veut faire la distinction entre le physique et le psychique, tant leur imbrication est subtile et complexe. Toujours est-il que l'inconscient a engrangé depuis l'enfance les événements heureux ou malheureux de l'existence et son travail de « métabolisation » influence nos personnalités : nos forces, nos faiblesses, nos dépendances ou addictions, pour ne pas dire nos névroses, l'attestent. D'autre part, toute violence physique s'accompagne de violence psychique, à plus forte raison quand la petite victime déclare qu'elle n'a « même pas mal » : cet enfant-là risque d'y prendre goût, d'en redemander et d'attiser la surenchère. N'empêche, selon les témoignages d'anciens enfants maltraités, tous se sentent culpabilisés, isolés, inhibés, bref angoissés.

La violence psychique est fondée sur le non-respect de l'autre : on le domine (« tu es ma chose »), on le nie (« tu es nul »), on l'humilie (les exemples ne manquent pas). Cet autre est en général plus faible physiquement ou psychiquement, c'est l'enfant, la personne âgée ou handicapée, entre autres. La violence psychique s'exerce de multiples façons : par l'indifférence, on reste sourd, volontairement ou pas, à l'appel de l'autre ou à sa détresse, et c'est, à la limite, de la non-assistance à personne en danger ; on n'est certes pas obligé d'intervenir à chaque pleur ou cri d'enfant, mais on est tenu, à tout le moins, d'y porter attention ; par le non-respect des besoins élémentaires que sont la nourriture, le sommeil, le soin corporel, la motricité, l'amour ; on fait suivre à l'enfant un régime alimentaire aberrant : privation, forçage ou excès de nourriture sont autant de violences, qu'elles soient involontaires ou motivées par des intentions éducatives insensées.

Obliger le jeune enfant à dormir, interrompre son sommeil ou l'en priver sous prétexte de le nourrir ou de le mettre sur les toilettes lui causent un dommage physique, son cycle de sommeil n'étant pas respecté, et un dommage psychique puisqu'il se heurte à la rigidité de l'adulte. On sait aussi que l'absence d'hygiène caractérisée et permanente est un signe de négligence dans les soins dus à l'enfant ; à l'inverse, l'excès de soins confine à l'abus : on ne s'occupe que de l'apparence de l'enfant, on s'en sert comme d'une poupée ou d'un mannequin et on oublie la personne de l'enfant, son besoin de bouger, de toucher, d'expérimenter et même de se salir.

Dans le même ordre d'idées, les soins médicaux peuvent être négligés et le risque de maltraitance est alors avéré ; ils peuvent, à l'inverse, être excessifs : ils vont de la prise de température rectale trop fréquente à l'abus de consultations médicales ou d'hospitalisations. Leur forme la plus grave porte le nom de « syndrome de Münchhausen par procuration », dont sont affectés des enfants continuellement amenés à l'hôpital pour des symptômes inventés ou créés par leurs parents, d'un autre côté très coopérants.

Le besoin de pudeur que ressent progressivement le jeune enfant est délicat à détecter. Or il est indispensable de lui apprendre le respect et la protection qu'on lui doit et qu'il se doit à lui-même. Tout n'est pas permis avec le corps d'autrui, à commencer par celui de l'enfant. Au moment de l'acquisition du contrôle sphinctérien, il n'est pas bon de laisser l'enfant sans culotte, de proposer le pot n'importe où dans la maison, bref de laisser se développer ce qui, à l'extrême, pourrait glisser vers l'exhibitionnisme de l'enfant et, son corollaire, le voyeurisme de l'adulte. Dans ce jeu de bipolarisation, on peut encore évoquer le domaine sensoriel, où la maltraitance s'origine dans la privation ou, à l'inverse, dans l'abus de sollicitations : c'est trop de lumière ou pas assez (on utilise le noir comme punition), c'est l'absence de signe de vie par le silence ou l'excès de sons, par exemple, de musique assourdissante ou de télévision. Dans le domaine de la motricité, il peut aussi y avoir carence ou excès : carence si l'enfant est contraint à l'immobilité trop longuement, dans son lit ou dans son siège auto ; excès si le jeune enfant est soumis à une hyperstimulation permanente qui ne respecte pas son besoin de repos ; sans s'en rendre vraiment compte, certains parents sont parfois hyperactifs envers leur enfant.

La forme la plus toxique de maltraitance, si tant est qu'on puisse en mesurer les degrés, est le rejet affectif : faire croire à quelqu'un que personne ne tient à lui, que les liens d'amour et de sécurité sont rompus, c'est jouer naïvement ou intentionnellement avec l'isolement et la peur de l'abandon. L'adulte ou l'enfant rejeté pense alors qu'il n'a personne sur qui compter et qu'il n'a aucune valeur. La perte de l'estime de soi peut conduire au désespoir et au suicide. Pour lutter contre tout type de maltraitance, on peut adopter l'« attitude authentiquement affective » (AAA) de Stanislas Tomkiewicz, qui la définit comme « un engagement profond, associé au sentiment de la valeur (du sujet), de ses possibilités : il s'agit de lui transmettre le sentiment qu'il peut être aimé ».

La violence verbale

La violence sensorielle passe souvent par l'émission vocale : on hurle, on crie encore plus fort que l'enfant (tout en lui disant de se calmer !), ce qui relève de la même logique que mordre pour montrer qu'il ne faut pas mordre ! Piètre outil éducatif, on l'utilise dans l'urgence certes, mais il ne doit pas devenir le mode d'échange privilégié, ni le plus systématique. Crier pour se faire respecter est un argument d'autorité dont la conséquence est la soumission ou la révolte. La soumission a été étudiée par Stanley Milgram dans de célèbres expériences (1960-1963) qui montrent jusqu'où des sujets peuvent obéir et devenir capables d'administrer la souffrance et même la mort à d'autres (heureusement fictifs).

L'enfant est très sensible à la moquerie, au dénigrement, à la dévalorisation et à la dépréciation, visés par les « t'es pas belle quand tu fais ceci », « t'es nul ». Affirmer que « c'est encore untel qui a fait la bêtise », alors qu'on n'a pas été témoin de l'action, c'est coller une étiquette injuste et dangereuse. La simple parole, que l'on croit banale parce qu'elle est répandue, peut rejeter ou humilier. Quand on fait une comparaison du type « regarde, lui, il est sage », ou pire « regarde ton frère ou ta sœur », on blesse l'enfant alors qu'on croit le pousser à l'imitation. L'enfant n'imite certainement pas sur ordre de l'adulte ; au contraire, beaucoup de développements se font par opposition, pour se différencier justement ! On citera aussi ce double message ironique adressé à l'enfant quand on l'applaudit parce qu'il vient de chuter ou de faire tomber involontairement un objet ; ce « bravo » pour une action « pas bonne » est contradictoire et quelque peu méprisant : comment s'y retrouver dans cette « forêt des paradoxes » ? La menace du rapt d'enfant, ambiguë elle aussi, est une autre sorte de maltraitance : quand un adulte dit « non, la dame ne va pas te prendre (ou te manger !) », avec quelle terreur joue-t-il ?

Maltraiter, c'est aussi prédire et engager l'enfant – nous y revenons – surtout sur le long terme : « Tu finiras SDF ou comme ton grand-père. » C'est une double violence, au grand-père d'abord, que l'on mésestime, parfois à tort, à l'enfant ensuite, que l'on prive de sa liberté d'évolution. Les paroles qui véhiculent une charge de violence pour le présent font aussi violence pour l'avenir. L'adulte abuse de son pouvoir en laissant entendre qu'il peut connaître le futur. Il est utile de rappeler ce que Robert Rosenthal a décrit dans l'« effet Pygmalion » : les enfants tendent à se conformer aux caractéristiques que les adultes leur attribuent. Et nous nous associons ici à l'alarme lancée par le collectif *Pas de 0 de conduite pour l'enfant de 3 ans* : prédire un avenir de délinquant à un enfant de moins de 3 ans qui s'agite à la crèche est proprement une aberration. C'est nier la capacité d'évolution de l'individu.

La violence d'amour

Que de violences ne commet-on pas au nom de l'amour ! La plus courante est le chantage affectif : « Si tu ne fais pas ceci ou cela, je ne t'aime plus, je te laisse. » On transpose au niveau des sentiments le mécanisme de la carotte et du bâton. Les actes du jeune enfant sont peut-être répréhensibles, mais pas sa personne. Comment se sentir en sécurité avec de telles menaces?

S'il est peut-être adapté dans le cas de la relation amoureuse, le « si tu ne m'aimes pas, je t'aime, et si je t'aime, alors prends garde à toi » est profondément déstabilisant pour le petit enfant. L'amour fantasque, instable ou capricieux soumet l'enfant à l'incohérence et à l'imprévisibilité des humeurs de l'adulte. Si l'autre alterne le chaud et le froid, le feu et la glace, l'amour et la haine, comment compter sur lui? L'enfant ne peut construire sa confiance en l'autre ni en lui-même.

Par excès, l'amour possessif, qui dévie la fonction du lien d'amour pour emprisonner l'autre (et l'empoisonner?), est une forme particulière de maltraitance. C'est l'abus de massages, de caresses, de relation fusionnelle qui n'ouvre pas l'enfant sur un tiers. En multipliant immodérément les « je t'aime », l'amour possessif dit « je te possède », « tu es à moi, mon objet, mon doudou ». Par les « viens me faire un câlin », « fais-moi un bisou », il dissimule souvent une relation autoritaire. Pire, par l'embrassade qui lui tombe dessus sans prévenir, le bébé ou l'enfant peut être choqué: on le traite comme un petit d'animal, un jouet ou un objet consolateur, et on va jusqu'à le comparer à « un bonbon » ! Enfermé « dans une prison affective », comme dit Boris Cyrulnik, l'enfant n'est pas un sujet, partenaire dans une relation de respect et de confiance.

À l'inverse de l'amour autoritaire, il y a l'amour mendiant. En quémandant le câlin, l'adulte pousse l'enfant à devenir un tyran, et à apprendre à faire du chantage affectif. C'est aussi le cas de figure où l'adulte ne respecte pas la différence générationnelle. Le lien d'amour dévie dans une trop grande connivence. L'enfant n'est pas le copain ni le confident de son parent ; il doit être respecté dans son immaturité. Il ne doit être ni voyeur, sous prétexte d'« enseignement », ni thérapeute de son ou ses parents.

Tous ces comportements ont pour conséquence de mettre l'autre, enfant ou adulte, à la place d'un objet à détruire, à soumettre, à faire souffrir, à humilier par sadisme ou par méconnaissance d'un mode relationnel différent. La relation se pervertit alors en sadomasochisme. Du fait de la complémentarité des interactions humaines, la jouissance à faire souffrir – être bourreau – va de pair avec celle de se laisser faire, d'être passif, de se prêter à la soumission – être victime. Ce plaisir n'est-il pas un peu en germe chez l'enfant qui « cherche » la fessée en provoquant son parent ?

La violence institutionnelle

Nous écarterons le terme de « douce violence » qu'emploie Christine Schuhl, et préférerons parler de violences insidieuses ou sournoises, celles dont on ne se rend pas toujours compte, entraîné par la routine ou l'organisation de l'équipe qui peut perdre de vue le but fondamental de la crèche, l'enfant et son accueil de qualité. Dans leur ensemble, les professionnels s'accordent sur les grands principes du respect de l'enfant, de sa famille, de son rythme, etc. Mais dans la pratique, sans vouloir déroger on défaille parfois. Au cours des soins, il arrive que l'enfant subisse les bavardages entre adultes ou, beaucoup plus gênant, des commentaires négatifs sur lui ou sa famille. « Comment elle t'a habillé, Maman, aujourd'hui ! », qui sous-entend « tu es (encore?) trop couvert, ou pas assez, ou bien tes habits ne sont pas très nets, ou trop serrés, ou tes chaussures sont trop petites, ou trop grandes ». La relation à laquelle l'enfant a droit est faussée. Lors du repas, il se peut qu'on presse le jeune enfant à ouvrir la bouche en insistant avec la cuillère contre les lèvres pincées, alors qu'il a manifesté son refus de manger. Parfois, on voit de tout jeunes enfants, assis pour le repas, coincés entre la table et le mur : c'est une contrainte que l'on ne supporterait pas pour soi. Il ne faut pas confondre contenance (Denis Mellier) et contention ! À d'autres moments, l'attente du repas s'éternise, les enfants sont assis à des tables vides, sans jouets ni activités. À la fin du repas, on entend « tu ne dois pas te lever tant que tu n'es pas lavé », recommandation difficile à respecter à l'âge de la motricité impérieuse. Au cours de la sieste, on incite certains enfants à rester immobiles, alors que ce n'est pas leur moment de sommeil et qu'il est convenu que l'établissement applique le principe du « réveil échelonné ».

Les jeux risquent d'être l'occasion de bousculades ou de conflits qu'on pourrait éviter. – Chez les Moyens (18 mois environ), un groupe de dix enfants se rassemble autour de l'auxiliaire qui propose une histoire. Elle incite les enfants à s'asseoir par terre. Une petite bousculade s'ensuit, au cours de laquelle Pierre perd l'équilibre et s'agrippe à Anna. Celle-ci proteste et lève la main en direction de Pierre. Le cri de l'auxiliaire arrête Anna dans son élan. Anna la regarde et dit « bobo ». « C'est rien », répond l'auxiliaire, qui commence son histoire. Anna et Pierre, la mine encore renfrognée, s'y intéressent. L'incident paraît clos, Anna aura peut-être compris que « bobo » n'est pas forcément suivi de soin ni de consolation.

Quand l'auxiliaire vide une panière de jouets en vrac, il se produit souvent des compétitions, certains enfants ayant envie d'amasser. Si le jeu n'est pas accompagné, au lieu des imitations et coopérations possibles entre enfants, on peut voir émerger des conflits où dominent la loi du plus fort et la loi du talion (dent pour dent). Anne-Marie Fontaine a travaillé sur la gestion des groupes de jeunes enfants et le titre d'un de ses articles parle de lui-même : « Apprendre à "bien" jouer ensemble, ça prend du temps. » Mira

Stambak et l'équipe du CRESAS, dans *Les bébés entre eux*, ont bien analysé les interactions entre enfants, quand ils « découvrent, jouent, inventent ensemble ».

Dans les moments de transition et ceux de l'accueil du matin ou du soir, l'attention des adultes peut être occupée à autre chose et certains enfants, les plus fragiles, se sentent alors perdus, surtout si le nombre d'enfants est trop élevé dans les groupes. Au cours des bousculades ou des conflits, les adultes laissent parfois échapper des paroles non bienveillantes, des cris ou des gestes brusques. Ils paraissent sourds ou indifférents à la détresse de quelques enfants, on « ne voit pas » (on ne veut pas voir?) ou on cède au fatalisme (« il faudra bien qu'il s'y fasse »). Par lassitude et impatience, on étiquette certains enfants comme « terribles » ou on les affuble d'autres qualificatifs qui risquent de les figer dans un mauvais rôle. C'est l'indice que les adultes eux-mêmes tombent dans des situations de résignation, de routine ou de désespoir latent, bref, dans l'inverse de la joie et de la bienveillance qui sont indispensables au respect et à l'épanouissement du jeune enfant.

Le soir, à l'accueil des parents, on croit bien faire quand on leur signale, de manière abrupte, que leur enfant « a mordu » ou pire, qu'« il a encore mordu ». C'est sous-entendre que le comportement de l'enfant à la crèche est de la responsabilité des parents. Certes, il peut y avoir problème, mais ce n'est pas en se renvoyant la balle entre adultes que l'on aura la meilleure attitude de collaboration par rapport à ce qu'exprime l'enfant. Il faut éviter de dramatiser, de donner une importance de catastrophe à un incident que les enfants eux-mêmes n'ont peut-être plus en tête. D'ailleurs, il en résulte une culpabilisation du parent qui aggrave la situation : « J'arrive à la crèche, le soir, le cœur serré, je me demande ce qu'on va encore me dire. » En miroir, les professionnels pointent que certains parents sont si obnubilés par tel ou tel comportement de l'enfant qu'ils en oublient que ce dernier est une personne et demandent directement à l'adulte : « Il a mangé aujourd'hui ? » ou bien « il est allé à la selle ? » ou encore « il a mordu aujourd'hui ? » Soucieux qu'ils sont de se montrer bons parents et croyant coopérer de bonne foi, beaucoup vont gronder ou même punir leur enfant pour des « fautes » qu'ils n'ont pas constatées eux-mêmes.

Fragments de discours dangereux

Voici une série de réflexions recueillies en crèche qui appellent un commentaire.

« Si on va "prendre" un bébé qui pleure, c'est lui qui aura le dessus. » C'est considérer l'éducation comme un combat où il y aura un gagnant et un perdant. Perd-on la face et manque-t-on d'autorité quand on traite avec respect un bébé en lui évitant de sombrer dans le désespoir? Utiliser la force envers un être plus faible, c'est de la maltraitance.

« Je ne vais pas me laisser taper par un enfant. » Bien sûr que non, mais ne tapez pas en retour, ni verbalement ni physiquement. Nous sommes des adultes, professionnels en plus. C'est donc à nous de signifier l'interdit fermement mais calmement, et d'aider cet enfant à utiliser un autre mode d'échange en l'orientant vers des activités constructives et des relations non conflictuelles. Si nous parlons, échangeons et jouons positivement avec cet enfant qui déborde, cela l'aidera à sortir de sa « relation privilégiée négative ». « Mais dans ce cas, il sera récompensé alors qu'il vient de faire un acte interdit » : ainsi s'énonce le modèle éducatif de la carotte et du bâton. L'être humain, même enfantin, est plus subtil que cela. L'enfant imite l'adulte : la violence entraîne la violence, dans un cercle vicieux. Faire attention à un enfant sur un autre mode que celui de l'agression est ce qui peut arriver de mieux à cet enfant pour sortir de son impasse. Il verra qu'on peut s'intéresser à lui à d'autres moments que quand il s'agite. Cette attitude est bénéfique pour l'accueillant aussi, qui fait ainsi autre chose que de la discipline.

« Si je m'occupe plus spécialement d'un enfant, que vont penser les autres? » On ne peut pas traiter tous les enfants de la même façon au même moment. S'occuper d'un enfant en souffrance n'est pas un scandale pour les autres, qui peuvent être à leur tour en difficulté. L'explication par la parole effacera la gêne éventuelle. Le souci d'égalitarisme est un souci d'adulte, mais pour un jeune enfant, être inclus « dans la masse », c'est être perdu. Pour se constituer en tant que personne unique, l'enfant a besoin qu'on le distingue comme tel.

« Vous croyez vraiment qu'il comprend? » Oui, je le crois vraiment, pour les messages simples, cohérents, en adéquation avec l'émotion. La palette émotionnelle est vite connue du bébé; il « capte », saisit l'émotion de l'adulte qui s'adresse à lui. Il ressent (et produit) la musique et le rythme de la langue, cet échange fait de voix et de silences.

« Calmez-vous, on se calme », crie-t-on à la cantonade pour mettre un terme à un moment d'excitation ou de chahut. Cela est difficile pour des adultes (il faut du temps, passer à autre chose), mais quasiment impossible pour un groupe d'enfants si on ne lui propose pas un changement d'activité.

« Je ne suis pas d'accord », dit-on à un enfant « débordant » : même si elle est juste, la formulation est peut-être un peu faible et subjective. Mais si l'acte est répréhensible, il faut dire clairement que « c'est interdit de faire ça », « ça ne se fait pas ». Peut-on le dire avec conviction sans hurler ou menacer l'enfant? Sait-on qu'il faut à l'enfant au moins ses trois premières années pour associer une expression du visage à un sentiment éprouvé par l'autre. Gaïd Le Maner-Idrissi affirme : « Comprendre les intentions de l'autre, se mettre à la place de l'autre commence à peine vers l'âge de 3 ans. »

Ces violences sournoises font l'objet de questions sur lesquelles nous travaillons inlassablement au cours de réunions animées par le psychologue et appelée « Ateliers d'observation », dont nous avons déjà parlé. Lors d'un récent bilan sur cette pratique dans une des crèches, les personnes présentes ont unaniment exprimé le bénéfice apporté par l'observation, le changement d'attention porté à l'enfant en difficulté, la transformation des comportements de ces enfants, le partage des préoccupations de chaque équipe par les collègues extérieurs qui se sont sentis entendus, épaulés et non pas jugés. Même s'il y a quelques dissensions entre collègues sur la façon de travailler, même si certains ont tendance à « fonctionner à l'affectif », le rôle de l'équipe d'encadrement est déterminant dans cette lutte contre les dérives éducatives. Il s'agit d'une communauté éducative qui s'interroge, chaque membre énonçant son point de vue, sans gommer les différences de formation, mais en ménageant une forme d'égalité dans les opinions, en cherchant à formuler des hypothèses et à construire un outil pour mieux comprendre et agir auprès des enfants et des collègues.

L'atelier d'observation permet une meilleure prise de conscience des conséquences que la violence psychique peut entraîner chez le jeune enfant, par exemple quand il donne des signes d'inquiétude diffuse, ou d'angoisse généralisée, envahissante et même parfois paralysante. Il a le sentiment de n'avoir aucune valeur, d'être inférieur aux autres, moins que rien. Il risque alors de retourner la violence contre lui-même par identification avec l'agresseur, s'agresser lui-même, se mutiler. Il peut aussi somatiser, tomber malade, déprimer plus ou moins gravement. Ultérieurement, il aura parfois recours à divers produits dont il ne pourra se passer que péniblement ou pas du tout, par addiction. De manière générale, l'enfant est en grand risque d'intérioriser la violence psychique comme modèle identificatoire : il va traiter autrui, surtout le plus faible, comme il a été traité, c'est-à-dire mal, selon le modèle éducatif et relationnel reçu dans l'enfance.

À l'évidence, seule la réflexion sans cesse nourrie sur la bientraitance peut éclairer les professionnels, qui expriment régulièrement le besoin de parler des difficultés rencontrées dans leur fonction d'accueillants de jeunes enfants et de leurs parents. Il faut inclure dans leurs horaires un temps de formation qui réponde à ce besoin de soutien face aux manifestations de violence. La formation de base doit être vivifiée par une réflexion régulière qui porte sur l'implication personnelle de chacun des membres de l'équipe. Bernard Golse dit : « Comprendre n'est pas excuser [...]. La violence est éminemment condamnable mais sa prévention et sa prise en charge passent obligatoirement par une compréhension des mécanismes qui la sous-tendent et qui peuvent concerner nombre de personnalités apparemment non pathologiques. » Il affirme nettement que notre engagement personnel nécessite que nous soyons un minimum au clair avec les résonances de notre histoire infantile, que nous devons analyser les raisons qui nous ont motivés à choisir un métier où l'on aide, assiste un autre être et en particulier un enfant, et que nous devons nous interroger sur notre implication dans les situations, lesquelles peuvent engendrer, négativement, des réactions de rejet et d'usure, ou au contraire révèlent, positivement, notre dynamisme et notre créativité.

Pour une pédagogie du respect, la bientraitance

Au terme de notre réflexion, nous chercherons modestement à faire des propositions pour une prévention des violences. Tenter de les éviter devrait être dans nos possibilités, surtout quand il s'agit de jeunes enfants, et c'est là l'enjeu de notre présent travail.

Il faut penser la violence différemment : d'abord en rappelant qu'il y a une utilité à l'agressivité, dans ce qu'elle a de dynamique, elle est alors source d'énergie, de créativité, de sublimation, elle nous oblige à la négociation avec autrui et nous devons accepter, face à l'agressivité, de n'être ni totalement puissants, ni totalement impuissants ; ensuite en faisant le pari que la prévention des violences est assurément possible par la connaissance et la réflexion à propos de la façon dont se construit l'être humain.

L'observation est fondamentale et féconde en enseignements. Comme l'ont montré Mira Stambak et ses chercheurs dans *Les bébés entre eux*, la richesse des échanges entre enfants est immense. L'agressivité n'en est qu'un aspect ; bien d'autres sont à l'œuvre et l'outil vidéo permet d'observer finement les interactions. L'observation est une façon de porter attention en se gardant des interprétations hâtives et plaquées.

Il faut veiller à la qualité de l'environnement, matériel et humain, déterminante tant pour l'enfant que pour l'adulte. Un enfant ne peut exister tout seul, il se construit par et avec son étayage relationnel, avec ses figures d'attachement ; l'adulte non plus, sauf cas extrême, ne peut vivre sans étayage relationnel. L'accueillant en crèche fait partie d'une équipe de collègues et bénéficie d'un encadrement ; l'assistante maternelle, isolée au quotidien, peut faire appel au réseau de collègues et à la puéricultrice, à l'éducatrice ou au psychologue. Solliciter et chercher un appui personnel ou un soutien d'équipe permettent de faire face à la violence que l'on sent en soi ou à celle des autres, petits ou grands.

Il est nécessaire de prendre conscience que ni la répression ni l'exclusion qui engendrent la haine ou la rage ne peuvent être des réponses à l'agressivité. Il faut au contraire réfléchir et travailler sur les valeurs que l'on transmet. Historiquement, nous avons vu que l'on est passé d'une façon d'élever l'enfant qui relève du dressage à celle qui prend en considération sa personne. La violence n'appelle que la violence. Ce que nous appelons pédagogie du respect, qui doit accompagner le jeune enfant, s'établit sur les préceptes suivants : respecter son rythme, se garder de lui coller une étiquette, éviter d'hypothéquer son avenir par des prédictions, proscrire les jugements de valeur, surtout négatifs, sur sa famille, l'accompagner dans la construction de ses repères, en participant à son apprentissage des lois humaines et de leurs interdits, et en faisant bien la différence entre les actes répréhensibles et la personne de l'enfant : « Ton acte n'est pas bon, mais ta personne oui ! »

La bientraitance implique un engagement personnel. Il faut savoir d'où l'on parle, où l'on se situe, ni à la place du ou des parents, ni à la place du bébé qu'on a été, ni à la place du parent idéal. Elle suppose un engagement professionnel qui demande un partage, dans la communauté éducative, d'un certain nombre de valeurs qui prônent en premier lieu le respect de soi-même et de l'autre, la tolérance et la recherche de la créativité.

Il est capital d'apprécier l'enjeu que représentent les premières années de la vie et de leur accompagnement. Il faut, en particulier, reconnaître l'importance du jeu dans l'apprentissage de la décentration, du raisonnement, de la négociation et la gestion des émotions. Enfin, il faut reconnaître l'importance du plaisir de la rencontre, de l'échange, de l'invention et de tout ce qu'on aime partager.

Mais nous avons besoin aussi d'un engagement de l'institution accueillante afin d'améliorer l'environnement matériel et humain du jeune enfant. Une meilleure reconnaissance de la portée éducative de l'accueil passe par la qualification et la considération du personnel accueillant. On doit pouvoir se donner les moyens d'intégrer dans le temps de travail l'analyse indispensable des pratiques mises en œuvre vis-à-vis du jeune enfant et de son groupe. L'engagement de la société dans son ensemble est souhaitable pour continuer à promouvoir un accueil de qualité dans la petite enfance. Il est atterrant d'entendre que la politique actuelle préconise un « assouplissement des normes » et une « optimisation de l'existant », en faisant accroître jusqu'au surnombre l'effectif des enfants pris en charge dans les crèches et chez les assistantes maternelles. Cette stratégie, uniquement dictée par des raisons d'économie de moyens, est tout à fait dommageable à la qualité de l'accueil du jeune enfant. Et que dire de l'idée, à bannir, de la catégorisation précoce des jeunes enfants ?

« Notre connaissance la meilleure de la psychologie contemporaine ne peut nous dire avec une exactitude scientifique comment empêcher la névrose dans l'enfance, mais elle peut nous dire avec précision comment un enfant s'humanise », pensait Selma Fraiberg, qui affirmait aussi : « Le triomphe de l'homme [...] son désir de limiter, refouler ses propres impulsions ou même s'y opposer lorsqu'elles sont en conflit avec les objectifs plus élevés qu'il recherche, sont eux aussi le produit de l'éducation, le résultat de l'amour des premières années du développement. » L'agressivité est une réalité mais, si nous reconnaissons qu'il faut l'accepter, nous avons la responsabilité de la canaliser et de l'interpréter, animés par la confiance et la bienveillance que nous devons au jeune enfant.

Après coup

À la fin, la psychologue est lasse.

Tellement tourné et retourné cette histoire, comme une carcasse qu'on aurait rongée soigneusement. Et pourtant, le sujet n'est pas épuisé, probablement jamais.

Mais dire encore que trop c'est trop. Que jamais elle ne s'habituera à l'hostilité franche ou sournoise, ni à la violence envers plus faible.

Comment comprendre ce goût pour le malheur?

Pourquoi l'autre, si attirant soit-il, nous fait-il si peur?

L'enfant est en danger?

Oui, assurément, danger de violence, danger d'humiliation, d'exclusion, de répression, d'abrutissement, d'esclavage et de guerre.

Et comment tu t'y prends?

Mais plus que jamais: l'éducation.

Se battre, peut-être qu'on n'y coupe pas.

Avec des mots?

S'il y a des mots qui tuent, d'autres font vivre, revivre.

Ceux-là font grandir.

Bébé, quand tu grandis...
Tu n'es ni méchant ni gentil
Tu n'es ni ange ni démon
Tu es humain
Tu peux beaucoup, pas tout
Tu vas vers autrui
Tu trouves la joie, la peine
Et l'agressivité
Celle des autres, la tienne
Nous allons t'aider
À l'apprivoiser
Accepte d'être frustré
Tu peux y arriver
Et dans cette vie
Tu seras grandi.

Bibliographie

AJURIAGUERRA, J. de. 1973-1974. Notes de cours personnelles, Paris.

AJURIAGUERRA, J. de. 1976. *Leçon inaugurale au Collège de France*, du 23 janvier 1976, dans *Le Monde*, Paris.

AJURIAGUERRA, J. de. 1980. *Manuel de psychiatrie de l'enfant*, Paris, Masson.

BAUDELOT, C. ; ESTABLET, R. 2007. *Quoi de neuf chez les filles ? Entre stéréotypes et libertés*, Paris, Nathan.

BEN SOUSSAN, P. 2006. « Pour les grands, les gosses est le meilleur citron », dans le collectif *Pas de 0 de conduite pour les enfants de 3 ans*, Toulouse, érès.

BERGERET, J. 1984. *La violence fondamentale*, Paris, Dunod.

BERGERET J. 2006. « Relation bébé-soignant, violence et culpabilité », dans B. Golse et P. Delion (sous la direction de), *Bébés agressifs, bébés agressés*, Toulouse, érès.

BIZET, G. 1875. *Carmen*, Opéra comique, Livret de Meilhac et Halévy, Paris.

BLOCH, D. 1981. *« Comme ça la sorcière me mangera pas ? » Les fantasmes et les terreurs secrètes de l'enfant*, tr. fr., Paris, Robert Laffont.

BOISBOURDAIN, M.C. 1983. *Comment la violence vient aux enfants*, Tournai Casterman.

BOUTET DE MONVEL, M. 1975. *Chansons de France pour les petits enfants*, Paris, Gautier-Languereau.

BOWLBY, J. 2002. *Attachement et perte*, 3 tomes, tr. fr., Paris, PUF.

BRAZELTON, T.B. 1984. Séquence dans *Le bébé est une personne*, émission de TF1, Paris.

BRAZELTON, T.B. 1983. *La naissance d'une famille ou comment se tissent les liens*, tr. fr., Paris, Le Seuil.

CANDILIS, D. 1985. « Cris et pleurs chez les bébés. Pourquoi les bébés pleurent? », *Actes des Troisièmes journées du GFEDPEJ*, « Hommage à Irène Lézine », Nice, GRPGC.

CANDILIS-HUISMAN, D. « L'enfant peut-il guérir sa mère? », dans *Psychiatrie française*, PsyFr299b.

Convention relative aux droits de l'enfant, ONU, 20 nov.1989.

CRESPIN, G. 2006. *Paroles de tout-petits. À l'écoute des enfants en crèche*, Paris, Albin Michel.

CYRULNIK, B. 1990. *La Maltraitance, parlons-en*, entrevue de J. Napolitano, réal. D. Lacroix, vidéo, Anthéa Draguignan.

CYRULNIK, B. 1991. *Sous le signe du lien*, Paris, Hachette.

CYRULNIK. B.; LEMAY, M. 1998. *Parlez-moi du père. Un échange entre Boris Cyrulnik et Michel Lemay*, vidéo, Anthéa Draguignan.

DALLOZ, D. 2003. *Où commence la violence? Pour une prévention chez les tout-petits*, Paris, Albin Michel.

DELION, P. (sous la dir. de). 2004. *L'observation du bébé selon Esther Bick. Son intérêt dans la pédopsychiatrie aujourd'hui*, Toulouse, érès, coll. « 1001 bébés », n° 66.

DUBON C. ; JOSSE D. ; LÉZINE I. 1977. *Premiers échanges entre nourrissons*, film, réal. J.R. Siegfried, Paris, SFRS.

FONTAINE, A.M. 2005. « Écologie développementale des premières interactions entre enfants : effet des matériels de jeu », *Enfance*, n° 2, Paris.

FONTAINE, A.M. 2006. « L'aménagement de l'espace en crèche », conférence du 23 septembre, Nice.

FONTAINE, A.M. 2008. *Observer en équipe dans les lieux d'accueil de la petite enfance. Développer l'observation-projet*, Toulouse, érès.

FRAIBERG, S. 1973. *Les années magiques : comment comprendre et traiter les problèmes de la première enfance*, tr. fr., Paris, PUF.

FREUD, S. 1998. *Le malaise dans la culture*, tr. fr. Paris, PUF.

GIAMPINO, S. 2006. « Non, à 3 ans, tout n'est pas joué », dans le collectif *Pas de 0 de conduite pour les enfants de 3 ans*, Toulouse, érès.

GIRARD, R. 1972. *La violence et le sacré*, Paris, Grasset.

GOLSE, B. ; COHEN-SOLAL, J. 1999. *Au début de la vie psychique. Le développement du petit enfant*, Paris, Odile Jacob.

GOLSE, B. 2006. « Le rapport INSERM 2005 sur les troubles des conduites chez l'enfant, ou le TOP des TOP ? », dans le collectif *Pas de 0 de conduite pour les enfants de 3 ans*, Toulouse, érès.

Grand dictionnaire de la psychologie, Paris, Larousse, 2002.

HAAG, G. 2006. « Propositions pour la compréhension des différentes formes de violence chez le jeune enfant », dans M.B. Lacroix et M. Monmayrant (sous la direction de), *Enfants terribles, enfants féroces. La violence du jeune enfant*, Toulouse, érès.

JARDIN, F. ; REBILLAUD, B. 1999. « La violence des bébés? Les bébés violents », dans *Enfants terribles, enfants féroces. La violence du jeune enfant*, dans M.B. Lacroix et M. Monmayrant (sous la direction de), Toulouse, érès.

KARLI, P. 2002. *Les racines de la violence. Réflexions d'un neurobiologiste*, Paris, Odile Jacob.

KLEIN, M. 1968. *L'amour et la haine. Le besoin de réparation*, tr. fr., Paris, Payot.

KLEIN, M. 2004. *La psychanalyse des enfants*, tr. fr., Paris, PUF.

LAPLANCHE, J. ; PONTALIS, J.B. 2004. *Vocabulaire de la psychanalyse*, Paris, PUF, 3e éd.

LEBOYER, F. 1999. *Pour une naissance sans violence*, Paris, Le Seuil.

LÉVI-STRAUSS, C. 1964. *Le cru et le cuit*, Paris, Plon.

LÉZINE, I. ; DUBON C. ; JOSSE D. ; LÉONARD M. 1976. « Étude des modes de communication entre le jeune enfant et l'adulte. Observations faites en crèche sur des enfants âgés de 3 à 10 mois », Paris, *Enfance*, 1-2.

LÉZINE, I. ; DUBON, C. 1977. *Enfants entre eux*, film, Paris, CNRS.

LORENZ, K. 1970. *L'agression : une histoire naturelle du mal*, tr. fr., Paris, Flammarion.

MAUREL, O. 2001. *La fessée : 100 questions réponses sur les châtiments corporels*, La Plage Éditeur.

MEIRIEU, P. 2008. *Lettre ouverte à Xavier Darcos, ministre de l'Éducation nationale*, du 27 décembre, www.meirieu.com

MELLIER, D. 2004. *L'inconscient à la crèche. Dynamique des équipes et accueil des bébés*, Toulouse, érès.

MILGRAM, S. 1994. *Soumission à l'autorité*, tr. fr., Paris, Calmann-Lévy.

MILLER, A. 1998. *C'est pour ton bien. Racines de la violence dans l'éducation de l'enfant*, Paris, Aubier.

NEUBURGER, R. 1988. *L'irrationnel dans le couple et la famille. À propos des petits groupes et de ceux qui les inventent*, Paris, ESF.

RAYNA, S. 1993. « Comment les jeunes enfants organisent-ils leurs jeux ensemble? », dans *Bébés entre eux. Découvrir, jouer, inventer ensemble*, Revue *Dialogue*, n° 120, Kremlin-Bicêtre.

RENARD, J. 1990. *Poil de carotte*, Paris, Le Livre de Poche.

ROBERT-OUVRAY, S.; MAUREL, O. 2001. *L'éducation sans violence*, vidéo, Anthéa Draguignan.

ROSENTHAL, R.; JACOBSON, L. 1971. *Pygmalion à l'école*, tr. fr., Paris, Casterman.

RUFO, M. 1990. dans *La maltraitance, parlons-en*, entrevue de J. Napolitano, réal. D. Lacroix, vidéo, Anthéa Draguignan.

RUFO, M. 2005. *Détache-moi! Se séparer pour grandir*, Paris, Anne Carrière.

SCHUHL, C. 2004. *Vivre en crèche. Remédier aux douces violences*, Paris, ESF.

SCOATARIN, S. 2003. *C'est pour mieux te manger, mon enfant! De l'agressivité et des morsures, à la crèche et ailleurs*, Paris, Desclée de Brouwer.

SILLAMY, N. 1998. *Dictionnaire de psychologie*, Paris, Larousse.

SOULÉ, M. (sous la direction de). 1986. *Les soignants à risques dans les interactions en faveur de la petite enfance*, Paris, ESF.

SOULÉ, M. (sous la direction de). 1989. *Quand et comment punir les enfants?* Paris, ESF.

STAMBAK, M. et coll. 1983. *Les bébés entre eux. Découvrir, jouer, inventer ensemble*, Paris, PUF.

STERN, D. 1983. Notes prises au cours de la communication faite au 2e Congrès mondial de psychiatrie du nourrisson, Cannes.

STERN, D. 1989. *Le monde interpersonnel du nourrisson*, tr. fr., Paris, PUF.

THÉRY, I. 2008. Notes prises au cours de la communication « La distinction de sexe », faite au VIIIe colloque de périnatalité, *Féminin, masculin : Bébé(e)*, Avignon.

TISSERON, S. 2007. Notes prises au cours de la communication « Des délinquants virtuels pour une société idéale ? », à la XXXIVe Journée scientifique du COPES, sur *Prédiction, Prévention, Précaution*, Paris, le 20 septembre.

TOMKIEWICZ, S. ; VIVET, P. 1991. *Aimer mal, châtier bien*, Paris, Le Seuil.

TOMKIEWICZ, S. 1999. *L'adolescence volée. Enquêtes sur les violences dans des institutions pour enfants et adolescents*, Paris, Calmann-Lévy.

UDERZO, A. ; GOSCINNY, R. 1966. *Le combat des chefs*, Neuilly-sur-Seine, Dargaud.

VIDAL, C. (sous la direction de). 2006. *Féminin Masculin. Mythes et idéologies*, Paris, Belin.

WEBER, M. 1959. *Le savant et le politique*, tr. fr., Paris, Plon.

WINNICOTT, D.W. 1969. *De la pédiatrie à la psychanalyse*, tr. fr., Paris, Payot.

WINNICOTT, D.W. 1994. *Agressivité, culpabilité et réparation*, tr. fr., Paris, Petite Bibliothèque Payot.

Table des matières

Déjà parus dans la collection « 1001 BB »
dirigée par Patrick Ben Soussan

1 - Que sont les bébés devenus
2 - Bébés d'hier, d'aujourd'hui, de demain et de toujours
3 - Naissance et développement de la vie psychique
4 - Que savent les fœtus ?
5 - Le fœtus à l'hôpital
6 - Grossesse et naissance : le passage
7 - Transmettre la vie
8 - La culture des bébés
9 - Naître différent
10 - L'accueil des tout-petits
11 - L'observation du nourrisson et ses applications
12 - Les bébés à risque autistique
13 - Le bébé, l'intime et l'étrange
14 - Un bébé est battu
15 - Les bébés et la musique
16 - Lire des livres à des bébés
17 - Apprivoiser les maladies de bébé
18 - Le fœtus exposé
19 - Le bébé imaginaire
20 - Ces bébés passés sous silence
21 - Bébés chasseurs de sons
22 - Bébés et parents dans l'eau
23 - Allaiter
24 - Psychose et parentalité
25 - Aux marges de la vie
26 - Devenir parents en exil
27 - Des bébés exposés
28 - Gastronomes en couches
29 - Naître
30 - Cultiver
31 - Accompagner
32 - Accueillir
33 - Soigner
34 - Le bébé et ses peurs
35 - La parentalité exposée
36 - Signes de souffrance en périnatalité
37 - Paroles de bébés
38 - Accueillir l'enfant entre 2 et 3 ans
39 - Observer un bébé : un soin
40 - Peut-on voir la vie?
41 - Des musiciens et des bébés
42 - Des livres d'images pour tous les âges
43 - La berceuse
44 - Le bébé et ses institutions
45 - 1, 2, 3... comptines
46 - Les troubles psychiques précoces du post-partum
47 - Petite enfance et culture en mouvement
48 - L'enfant de 2 ans est-il un élève?
49 - Rituels et mises au monde psychique
50 - La décision en médecine fœtale
51 - Filiations à l'épreuve
52 - La mère, le bébé, le travail
53 - L'enfant, être du devenir
54 - Bébés d'ici, parents d'ailleurs
55 - Le baby-blues n'existe pas
56 - Bébés agressifs, bébés agressés
57 - Rimes et comptines
58 - Le bébé du diagnostic prénatal
59 - Allaitement maternel et proximité mère-bébé
60 - Les premiers pas vers l'autre
61 - Séparation précoce : rapt, échec ou soin?
62 - Des artistes et des bébés

63 - Jeux de bébés
64 - Porter le bébé vers son autonomie
65 - Langages et lieux d'accueil
66 - L'observation du bébé selon Esther Bick
67 - La parentalité accompagnée
68 - Dans la famille... je demande le père
69 - Le début de la vie d'un grand prématuré expliqué à ses parents
70 - Bébé est mort
71 - Profession : nounou
72 - La littérature jeunesse a-t-elle bon goût ?
73 - Les conditions de vie défavorisées influent-elles sur le développement des jeunes enfants ?
74 - L'échographie obstétricale expliquée aux parents
75 - Parents, professionnels, comment éduquer ensemble un petit enfant ?
76 - Indispensables séparations
77 - Des psychologues auprès des tout-petits, pour quoi faire ?
78 - La grossesse est un rêve
79 - Dans mon berceau... il y a des cactus
80 - Vers un droit à l'enfant normal
81 - À l'écoute des bébés et de ceux qui les entourent
82 - Les bébés vont au théâtre
83 - Surprenante violence dans la nursery
84 - Lire à haute voix des livres aux tout-petits
85 - Les écueils de la relation précoce mère-bébé
86 - Modes d'accueil pour la petite enfance. Qu'en dit la recherche internationale ?
87 - Violences en petite enfance, pour une prévention opportune
88 - Le jeune enfant, ses professionnels et la douleur
89 - Sa Majesté, le bébé
90 - Papa, maman, ma nounou et moi
91 - Un étrange petit inconnu. La rencontre avec l'enfant né prématuré
92 - Les crèches dans un réseau de prévention précoce
93 - Comment être psychanalyste d'enfants ?
94 - Lóczy ou le maternage insolite
95 - Handicap et périnatalité. États des lieux.
96 - Qu'avons-nous fait du mandat transgénérationnel de Serge Lebovici
97 - Les jumeaux : 1 fois 2 ou 2 fois 1.
98 - Dolto, si tu reviens, j'annule tout !
99 - Dangers de la télé pour les bébés. Non au formatage des cerveaux.
100 - Cent mots pour les bébés d'aujourd'hui

101 - Les professionnels de la périnatalité accueillent le handicap
102 - À quand un seul lieu d'accueil pour les moins de six ans ?
103 - Le lendemain des crèches
104 - Ça mord à la crèche
105 - École maternelle : cri d'alarme !
106 - Au bonheur des grands-mères
107 - Abécédaire musical
108 - Quelles transmissions autour des berceaux ?
109 - La thérapie de Louis racontée par sa mère et sa psy
110 - La qualité de l'accueil : quel défi aujourd'hui
111 - Le livre noir de l'accueil de la petite enfance
112 - Périodes sensibles dans le développement psychomoteur de l'enfant de 0 à 3 ans
113 - Continuité des soins, continuité psychique
114 - Désirs de pères
115 - Quel temps psychique pour les bébés ?
116 - Entre laïcité et diversité, quelles perspectives éducatives pour les jeunes enfants ?
117 - « On "garde des vaches", mais pas les enfants... »
118 - Lorsque des assistantes maternelles écrivent...
119 - L'enfance : un trouble à l'ordre public ?
120 - Bébé, dis-moi pourquoi tu pleures
121 - Accompagner la naissance pour l'adoption